U0666526

匠心筑梦

刘慧金◎主编

北京新城职业学校教学探索与研究成果集

九州出版社
JIUZHOUPRESS

图书在版编目（CIP）数据

匠心筑梦：北京新城职业学校教学探索与研究成果集 / 刘慧金主编. — 北京：九州出版社，2022.5
　　ISBN 978-7-5225-0919-8

　　Ⅰ.①匠… Ⅱ.①刘… Ⅲ.①中等专业学校－教学研究－北京－文集 Ⅳ.①G718.3-53

中国版本图书馆CIP数据核字（2022）第070200号

匠心筑梦：北京新城职业学校教学探索与研究成果集

作　　者	刘慧金　主编	
责任编辑	陈春玲	
出版发行	九州出版社	
地　　址	北京市西城区阜外大街甲35号（100037）	
发行电话	（010）68992190/3/5/6	
网　　址	www.jiuzhoupress.com	
印　　刷	天津中印联印务有限公司	
开　　本	710毫米×1000毫米　16开	
印　　张	15.5	
字　　数	232千字	
版　　次	2022年5月第1版	
印　　次	2022年5月第1次印刷	
书　　号	ISBN 978-7-5225-0919-8	
定　　价	69.00元	

序言
PREFACE

　　这是一本散发着油墨清香的教学成果集，这是一本汇集了教学精华与智慧的成长宝典，这更是一本记载着学校发展与教师成长的时代记忆。

　　十年树木，百年树人。作为通州区的中职学校，肩负着培养多元化人才、传承匠人精神、促进岗位对接的重要职责。我们一直在努力探寻职业教育的真谛，寻求职业教育的规律，打造职业教育的成果。

　　十年间，探寻之路越走越宽，越走越远。老师们紧跟教育改革的步伐，砥砺前行。三尺讲台默默耕耘，沉淀宝贵教育智慧。今天，我们集教师之智慧，精心打造一本属于新城的教学力作。借此，呈现我校优秀教师们的教学成果，为进一步深入钻研课堂、打造高效课堂、全面提高教学质量、推动现代职业教育高质量发展做准备。

　　本书共分为三个部分，第一部分为教育理念，旨在明确教育改革目标，指引老师们的教学改革方向。第二部分为教学设计，共收录了16篇在市级各项教育教学比赛中获奖的教学设计，展现了新城教师团队依据教学规律、各专业教学标准和职业学校学生特点来高水平的实施教学的过程。第三部分为教学论文，共收录了19篇市级获奖的教学论文，总结了在职业教育教学过程中的宝贵经验，交流了在教科研中形成的研究成果，具有较高的学术价值。

　　新时代赋予职教人新的使命，我们必将不辱重任，为实现中华民族伟大复兴的中国梦，各尽所能，携手努力，为职业教育的发展贡献自己的力量！

刘慧金

2021 年 11 月

目 录
CONTENTS

第三部分　教学论文

第一部分　政策引领

浅谈中职学校从思政课程到课程思政的路径探索

刘慧金

教育，百年树人之根本。思政课程和课程思政，是两种不同的概念，由此引发的中职学校教育教学改革是全方位的。要顺应这种改革与发展，我们就应该关注和思考中职学校应该做些什么。

一、在教学体系建构上，坚持思政课程的引领性

中职学校的教学体系是围绕专业设计的，依据教学科目类别大致分为公共基础课程和专业课程两类，思政课程只是公共基础课程中的一部分。长期以来，大部分人都认为，理想信念、职业道德、工匠精神、奉献社会等思想政治教育是思政课、班主任和政教处教师的任务，导致多数专业课程工具化教学成为常态。

课程思政的教学体系强化思想政治教育性，突破学科建设局限，把价值观贯穿到专业课的教育教学活动中，形成"大思政"的新格局。可见，课程思政的本意，并不是把所有课程都当作思政课程，按思政课程的模式去教学。在教学体系层面的建构上，课程思政是一种教育理念，是指育人应放在学科教学首位，目的是培育政治素养与国家意志高度统一的人。课程思政是一种科学的思维方法，通过专业知识体系和实践技能的教学，培养学生成才，把爱国情、强国志、报国行自觉融入坚持和发展中国特色社会主义事业、建设社会主义现代化强国、实现中华民族伟大复兴的奋斗之中。在理念设计上，坚持把立德树人作为中心环节，以思政课程为引领，实现思想政治教育和专业发展教育的有机联系。

二、在教学目标上，突显思想政治教育性

课程思政在教育理念的突破集中体现在将所有课程的教育性提升到思想政治教育的高度，表明课程教学的首要目标是情感作风价值观的养成。中职学校教学在职业化导向下，知识目标与能力目标的课程教学十分明晰。按照课程思政的新要求，知识技能要将个人理想与社会担当有机结合、专业培养目标与德育目标相互对应、科学素养与政治人文素养相辅相成，让所有课程具有立德又树人、育人又育才的功能。

三、在教学内容上，增强育人性

一般中职学校专业课的教学内容以学科知识体系和专业技能教学为主，思想政治教育往往被简单融入专业知识讲授、实践技术训练的过程中，显然专业课教学中的"思政"功能是被弱化的。

课程思政则不同。专业课的教学设计，必须以思想政治教育的思维处理教材、组织教学内容，充分挖掘蕴含在相关知识中的德育因素，时时把握"德技双优"的根本育人目标，助力学生全面发展。中职学校的人才培养主要通过课程教育来实现，每一门课程教学担负的育人功能各有侧重，遵循教学大纲，但不拘泥于教材，将正能量的内容引入课堂，激励学生成长成才，这也是课程思政的基本要求。

四、在教学评价上，课程思政要有原则性和普遍性

从思政课程到课程思政，必然牵动教学改革问题，决定教学评价的原则性与普遍性。课程思政的原则性表明，正确的政治方向和立场、自觉贯彻党和国家的教育方针、学生全面健康发展的质量水平等，是教学评价的根本准则和原则。课程思政的普遍性是指，教学要将育人置于首位，将正确的价值取向渗透到教育教学全过程，这是"三全育人"的基本要求。因此，中职学校要建立和完善以德育为首位的学科教学评价体系，思政标准和学科标准要"两手抓，两手都要硬"。

从思政课程到课程思政是教育理念的探索，以思政课程的引领，推进课程思政的改革与创新。课程思政没有统一模式，需要根据各种专业、各门课程的实际情况具体分析。教师不仅要提升学生的实践积极性，还要自觉引导学生成长成才，成为有担当的时代新人。中职学校的课程思政改革刚刚起步，对于打好这场职业教育领域人才培养和水平的攻坚战，中职人充满信心。

中职教育课堂改革

——课堂思政教育

熊争光

党的十九大报告指出，要全面贯彻党的教育方针，落实立德树人根本任务，发展素质教育，推进教育公平，培养德智体美全面发展的社会主义建设者和接班人。这从根本上回答了中职教育在新时期"培养什么人，怎样培养人"的关键性问题，也为中职学校深化教育教学改革、提升人才培养质量指明了方向。中职学校必须坚持把立德树人作为根本任务，结合自身的办学目标和教学实际，将"授业"与"育人"有效结合，培养德智体美全面发展的高素质技能型人才。思政课程是对学生进行德育教育的主渠道，是落实立德树人根本任务的关键课程，发挥着不可替代的作用。但育人的重担不能只落在思政教师的肩上，其他学科教师也应积极参与进来。现在党中央非常重视青少年的思想教育，开始积极推进课程思政教育。目前中职学校普遍存在重技能培训、轻思想教育的现象，为了积极响应党和国家号召、保障中职学生健康发展，我们要努力推动课程思政教育改革，将课程思政融入课堂中去。

一、什么是课程思政

"课程思政"是指课程中的思想政治教育，与教育学的"学科德育"相类似，即在学科课程教学中渗透德育。目前职业学校的课程包括公共基础课程和专业课程，由此可见课程思政是指依托公共基础课程、专业课程来实施思想政治教育，也可以理解为，将思想政治教育融入公共基础课程与专业课程的教学中。

课程思政建设要紧紧围绕坚定学生理想信念，以爱党、爱国、爱社会主义、爱人民、爱集体为主线，围绕政治认同、家国情怀、文化素养、宪法法治意识、道德修养等强化课程，系统开展中国特色社会主义和中国梦教育、社会主义核心价值观教育、中华优秀传统文化教育、法治教育、职业理想和职业道德教育。

"课程思政"是完善"三全育人"的重要内容。这不是一项为了满足要求而亟待完成的任务，而是一项为党育人、为国育才的系统工程。它强调所有课程都有育人功能，所有教师都有育人职责。推进"课程思政"建设是全体教职工的共同责任，涉及教育教学全过程的各方面，纵向需要各层级激发动力、形成共识，横向需要多部门协同配合、互相支持，客观上有利于"三全育人"格局的形成。

课程思政的主要形式是将思想政治教育元素，包括思想政治教育的理论知识、价值理念以及精神追求等，都融入各门课程中去，潜移默化地对学生的思想意识、行为举止产生影响。

二、如何落实课程思政

（一）教师要加强自身修养

传道者首先要明道、信道，育人者先受教育。追求并具备大境界、大胸怀、大格局，就能给学生指点迷津，引领人生航向。教师要自觉践行习近平总书记提出的六个要求，以德立身、以德立学、以德施教，坚持教书和育人相统一，坚持言传和身教相统一，坚持潜心问道和关注社会相统一，坚持学术自由和学术规范相统一。争做有理想信念、有道德情操、有扎实学识、有仁爱之心的"四有"好老师，自觉发挥积极性、主动性、创造性，用扎实的理论知识指导学生，用真理的力量感召学生，用高尚的人格感染学生。

（二）教师要提升育人意识

要在课程教学中，加强师德师风教育，突出课堂育德、典型树德、规则立德，引导学生树立学为人师、行为世范的职业理想，培育学生建立爱国守法、规范从教的职业操守，将对家国的爱、对教育的爱、对学生的爱融为一体，自觉以德立身、以德立学、以德施教，坚定不移走中国特色社会主义教育发展道路。

（三）教师要有针对性地落实课堂思政

任何学科教师都要承担好育人责任，让各类课程与思政课程共同发展，将显性教育和隐性教育相统一，形成协同效应，建立全员、全程、全方位的育人大格局。在课堂上，要将思政元素与教学内容的有机结合，挖掘教育资源，将思政元素融入教学设计。该设计既要包含思想政治教育的相关内容，又要充分体现学科知识的具体内容，通过创设生动形象且富有启迪性的情境，激发学生的学习兴趣。

语文、历史等文科类课程，可以帮助学生掌握马克思主义世界观和方法论，从历史与现实、理论与实践等维度，帮助学生深刻理解习近平新时代中国特色社会主义思想。要结合专业知识教育，引导学生深刻理解社会主义核心价值观，自觉弘扬中华优秀传统文化、革命文化、社会主义先进文化。

理工科的课程可以将马克思主义立场观点方法与科学精神的培养结合起来，提高学生正确认识问题、分析问题和解决问题的能力。注重学生科学思维的训练，培养学生探索真理、勇攀科学高峰的使命感和责任感，强化学生精益求精的大国工匠精神，激发学生科技报国的家国情怀和使命担当。

体育课程可以帮助学生加强健康意识，引导学生注重爱国主义教育和传统文化教育，培养学生顽强拼搏、奋斗有我的信念，激发学生"全面提升全民族身体素质"的责任感。

中西餐课程可以将中华民族的优良传统融入其中，培养学生吃苦耐劳的精神，让学生注重卫生。

课程思政应努力变成课堂教学的"点睛之笔"。学科教师在教学设计时，不能为追求效果而生搬硬套、牵强附会，也不能整堂课出现大量思政内容，而应当巧妙设计，在其中穿插学科教学，学生的接受程度也会更高。

作为一名中职教师，应积极响应国家号召，明确"为什么要开展课程思政""什么是课程思政""如何落实课程思政"的问题，积极落实学生的课程思政教育，为国家职业教育做相应贡献。

第二部分　教学设计

汽车空调不制冷教学设计[①]

耿　狄　李英玉　王丁丁　于海江

课程名称：汽车空调

使用教材：《汽车空调》（电子科技大学出版社）

授课班级：职高汽车运用与维修专业二年级

授课地点：汽修实训室

授课课时：1课时

一、整体教学设计

（一）秉承全面育人，贯彻教育理念

汽车运用与维修专业培养的人才应拥护党的基本路线，德、智、体、美、劳全面发展，身心健康，具有与本专业相适应的文化水平和良好的职业道德，掌握本专业的基本知识、基本技能，具有较强的实际工作能力，了解相关企业生产过程、组织状况和汽车使用与维修。

由于当前汽车空调维修市场比较混乱，大量假制冷剂充当正宗制冷剂（R134A），

[①] 本项目获得2020年北京市教师教学能力大赛二等奖。

加注到汽车空调系统中。汽车空调维修工艺不规范，造成制冷剂泄漏等诸多问题，环境污染问题严重，客户也蒙受经济损失。由此可见"全面育人"的重要性。我们应始终坚持贯彻我校汽修专业"德以修身，技以立业"的理念，在布置有相应主题的实训室进行教学，以培养适应我国政治经济发展的高素质汽车维修专业人才。

（二）聚焦岗位需求，重构教学内容

1. 行业现状分析

随着我国汽车工业的发展和社会汽车保有量的增长，汽车维修行业空调维修量占汽车维修总量的比重呈上升趋势，对维修人才的需求更是不断加大。通过对校企合作4S店的调查，以及到店维修空调系统的车主反馈情况，我们发现，出现故障类型主要包括冷气输出不足、冷气间断供应、无冷气、系统有噪音这四类，总计约占汽车空调故障维修的83%。随着车载空调系统技术不断更新，对汽车维修人员的要求也在不断提高。

2. 教学内容选取

按照《1+X中车行汽车电子电气与空调舒适系统技术证书项目考核标准》中的要求，以及学校现有教学车型的维修手册[《上汽通用科鲁兹2015款（掀背）维修手册》]，结合"十三五"规划教材《汽车空调维修（彩色版）》（电子科技大学出版社），按照"项目一体化"教学特点，打破传统的教学模式，将课程情境化，一个情境对应一个工作任务。本课程共有8个项目，根据教学内容的内在逻辑和学生的特定学习内容，选取项目二即汽车空调不制冷故障检修，16学时连续教学内容参加比赛。原因如下：（1）立足岗位实际。行业现状分析中所列四类故障现象均与本项目直接或间接相关，在实际工作中占有重要地位。（2）立足教学实际。操作流程规范，要求严格，实践性强，可以培养学生吃苦耐劳、认真严谨、爱岗敬业的工作作风，是本课程的重、难点内容。

（三）落实学情分析，制订教学目标

1. 授课对象

中职汽车运用与维修专业二年级学生，毕业后主要从事汽车机电维修相关工作。

2. 已有知识储备

经过前期课程的学习，全部学生都能够掌握热力学基本原理和汽车空调基本组成和工作原理，具备一定的汽车专业英语知识，80% 以上的学生能够识别汽车空调相关检修设备中的英文内容。这些都为后续课程的学习打下了基础。

3. 信息技术工具使用

70% 的学生能够灵活利用网络进行文献查阅，90% 以上的学生能够熟练操作常用办公软件，80% 以上的学生会利用 XMind 软件初步绘制思维导图，全部学生都能熟练使用问卷星进行考试、评价，熟练使用"蓝墨云班课"平台进行课前、课中和课后的学习。

4. 学生能力

经过一年半跨学科的学生关键能力评价分析，学生在对待工作环境的作风和课堂参与度方面表现较好，全班平均成绩在 7.4 至 7.9 之间，但在沟通与交流、创新性上还有待提升，全班平均成绩仅为 5.9 和 5.3。根据疫情期间线上教学特点，修改了评价指标，将独立工作能力和团队合作能力分别改为分析能力和情绪管理能力，将沟通与交流改为语言表达能力，以便更好地引导学生全面提升。

5. 学生现状

学生学习积极性高，兴趣广泛，能够按照教师要求按时完成任务，但线上教学也存在一定弊端。师生之间没有面对面交流，课余时间与外界交流的机会也相应减少，对学生的心理会产生一定负面影响，需要对学生适时进行心理疏导。

（四）梳理教学过程，创新教改办法

在全面分析教学内容和学情的基础上，我们运用任务驱动法的教学方法来设计教学环节。根据项目中不同任务的具体教学要求，以及疫情期间学生无法进行设备实训的特点，制定了一系列教学流程。

学生利用向日葵远程控制软件，控制机房中装有模拟软件的电脑，一对一远程模拟，强化操作流程，提高规范性，达到远程模拟实训的效果。教师每天早 8 点至晚 9 点将电脑打开，学生课下便可以练习，既可以自主探究新知，也可进一步巩固提高课上所学。零资金投入，最大程度解决疫情对大型设备实训教学带来的问题。

二、课堂教学实施

下面以任务三：汽车空调基本电路故障检修中的第 6 ～ 8 学时（总第 14 ～ 16 学时）为例，阐述教学实施过程。

（一）教学内容分析

教学内容为汽车空调压缩机不工作的电路故障检修，以压缩机不工作电路的分析和汽车空调压缩机不工作电路故障的排故两个部分推进教学工作。

以压缩机不工作电路故障的检修为主线，将教师演示与线上远程模拟等形式相对接，学生在观看教师演示及自己远程模拟压缩机不工作电路故障的排故的工作流程中，逐渐形成工程思维；引入企业 6S 管理标准、汽车维修工国家职业标准等国家及行业标准，融入教学任务各环节，强化操作规范及产品质量意识，逐步形成诚实劳动、科学严谨、精益求精的工作作风。

（二）学情分析

针对本次课，在本课程学情分析的基础上，学生需要能够利用向日葵远程控制软件对学校机房中装有景格整车模拟软件的电脑进行远程控制，进行虚拟操作。在课前，需要提前调试好设备，引导学生尝试连接控制。

（三）教学目标

根据教学内容和学情，设立本次课的教学目标为：

1. 知识目标

掌握汽车空调压缩机正常电路的工作过程；掌握故障诊断仪的操作步骤；掌握汽车空调压缩机不工作电路故障的排故的步骤。

2. 能力目标

能够对汽车空调压缩机不工作电路故障的电路进行分析；能够独立对故障诊断仪进行远程虚拟操作；能够对汽车空调压缩机不工作电路故障进行排故。

3. 素养目标

通过远程模拟操作，形成诚实守信、热爱劳动、科学严谨、精益求精的工作作风。

（四）教学重点、难点

教学重点：依据对汽车空调压缩机不工作电路故障的电路的分析，掌握汽车空调压缩机不工作电路故障排故步骤。解决策略：学生绘制思维导图对重点知识进行梳理。

教学难点：依据对汽车空调压缩机不工作电路故障的电路的分析，掌握汽车空调压缩机不工作电路故障排故步骤。解决策略：学生通过手机端进行远程虚拟。

（五）教学方法

采用任务驱动教学法，引导学生自主探究学习。

（六）教学环境及资源

1. 教学环境

（1）汽修实训室：布置有社会主义核心价值观以及企业 6S 管理标准的文化环境；

（2）提供用于线上教学模拟实际工作岗位的实训环境及用于远程模拟的汽修机房。

2. 教学资源

（1）"向日葵远程控制"软件＋景格汽车整车模拟软件，实现学生远程控制模拟；

（2）《畅易汽车技术维修平台》，提供维修手册；

（3）汽修实训室——提供专用工具（故障诊断仪）、车辆、汽车空调试验台架，用于教师课堂演示；

（4）"蓝墨云班课"课程资源学习平台，提供《汽车空调维修》课程资源；

（5）腾讯会议，用于直播授课；

（6）微信，方便及时讨论交流。

（七）教学过程

1.课前

教师下发课前自主学习任务单至蓝墨云班课，布置学生课前自主学习内容。学生登录平台，完成任务单中的课前任务，教师检查学生学习情况，全班共同评选出优秀作品，为课上交流展示做准备。同时发现学生在课前学习中存在的问题，将教学策略调整为：课上组织学生讨论汽车空调压缩机不工作电路故障的电路部分。

2.课中（3学时，120分钟）

课前10分钟以上，在微信群中给出腾讯会议链接，同时组织学生在蓝墨云班课平台进行签到。

（1）进入情境，明确任务（5分钟）

共享汽车空调压缩机不工作故障视频，学生思考产生此故障可能的故障点有哪些，并填写在课中自主学习任务单中。

（2）合作探究，分析任务

①课前反馈，识读图纸（15分钟）

首先，反馈学生课前预习内容检测情况。学生代表共享自己课前学习总结成果，叙述课前将关于汽车空调压缩机不工作电路故障的作品上传至平台中。

接下来，随机抽取2名学生，学生叙述电路中的电器元件符号的名称，并叙述压缩机正常工作的工作过程。

最后，发布课堂知识自测二维码，学生扫码完成测试，并对结果进行分析。

②探究原理，绘流程图（20分钟）

组织学生通过梳理压缩机工作电路流程，绘制不同条件下的工作过程流程图，学生以小组为单位，通过平台进行讨论，并分析不同元器件的以电流路径为主线进行工作的过程，然后将完整的流程图上传至学习平台，并随机让学生描述，其他学生进行补充。最后进行点评。

第1学时结束，课间休息15分钟。

（3）教师演示，实施任务

①教师演示，强化规范（10分钟）

首先，教师对实施任务所需的工具、设备进行清点、检测，学生根据教师对设备清点的清单，将所用的物品等列在任务单上，上传到平台中。

其次，教师正确演示，同步指导学生做好记录，并绘制流程图。教师提醒学生思考，并判断哪个零部件出了问题，导致压缩机不工作。学生认真观看教师演示，并绘出流程图，将记录数据及判断结果通过平台进行分享。

②学生模拟，解决难点（15分钟）

引导学生在向日葵远程控制平台使用故障诊断仪，读取故障码的远程模拟操作，并提醒在操作过程中应该注意的问题。学生根据提示在平台对压缩机不工作电路故障的检修进行远程模拟，加深对操作流程的认知程度。

③排除故障1，解决难点（15分钟）

引导学生通过识读电路图，通过虚拟故障诊断仪远程读取故障码，分析数据流，找到故障点1，并制定维修方案。学生进行远程操作，利用虚拟故障诊断仪查找故障，并读取数据流，将结果发布到平台上，让其他同学都能够及时分享并讨论，制定维修方案并对照维修手册，进行更改。

第2学时结束，课间居家休息15分钟：做眼保健操5分钟，休息10分钟。

④排除故障2，解决难点（25分钟）

过程同3，不再赘述。

（4）交流总结，评价任务（25分钟）

至此，本项目全部三个任务完成。

组织学生对本次课任务进行自评、互评和师评。随后，系统给出学生本次任务评价结果和本项目总体评价结果，教师引导学生对结果进行分析。

3. 课 后

布置拓展工作任务：思考引起压缩机不工作的原因还有哪些，并完成课后自主学习任务单。

三、反思与改进

（一）教学效果

在自主学习任务单的指引下，学生了解任务导向，掌握教学内容。通过腾讯会议线上授课，蓝墨云班课教学平台发布教学资源并统计出勤情况，用 XMind 思维导图进行知识梳理，用动画方式让学生掌握相应部件的组成及工作原理，用向日葵远程控制模拟，强化操作方法及规范性，用问卷星进行及时测评，不断提升学生的学习效果。

本项目的三个任务完成后，学生在不同维度的关键能力评价都有不同程度的提升。

（二）教学特色

1. 对接企业真实故障案例，教师现场演示所有操作流程，规范操作步骤和方法。学生在同步观看的过程中，可以及时提问，解决教学重点和难点。

2. 远程模拟创设学生成长阶梯。采用向日葵远程控制软件控制学校机房内装有虚拟模拟平台的计算机的方式，模拟拆装和排故。早 8 点至晚 9 点，教师到机房开关机，延伸学生探究、练习时间，提高学生学习的兴趣，加深对知识的认知，提高知识运用能力。

3. 充分利用各种信息化平台的优势，实时监测学生的学习状态。注重学生情绪管理，释放疫情压力，同时让学生有更多机会展示自己，互相交流，实现"做中学"。

（三）存在的问题

疫情期间，由于本课程所用到的设备较大、价格较高且专业性较强，无法满足学生在家线上学习的需求，学生无法真正进行设备实训，比如拆卸、装配和故障的排除等实训内容，只能通过微课学习、动画演示、教师示范和远程模拟等环节进行，在实践能力方面有待进一步提升。

（四）改进措施

在下学期课程中，应调整教学计划，并利用课外活动或自习课时间弥补学生实训部分练习，提高学生实践能力，更好地贴合实际工作。

Unit 10　Why was it built?[①]

王敏娜　曹吉欣　高爱花　陆洋林

课程名称：英语

使用教材：《英语基础模块 2》（高等教育出版社）

授课班级：职高旅游服务与管理专业二年级

授课地点：304

授课课时：1 课时

一、教学内容分析

本课程使用高等教育出版国标教材。《英语基础模块 2》第十单元第 1 课是建筑物的介绍。本单元围绕"出行旅游"这一话题展开，涵盖著名中外建筑物的介绍的内容，如巴黎埃菲尔铁塔和中国长城等。

结合新课标英语学科核心素养、1+X 实用英语交际职业技能及旅游与管理专业人才培养方案的要求，在已有教材的基础上，重新设计本节听说课的教学内容，听力环节（listening part）沿用课本导游给游客讲解法国著名的埃菲尔铁塔的一段对

---

① 本项目获得 2021 年北京市教师教学能力大赛二等奖；2021 年京郊联盟教师说课大赛一等奖。

话，讲解建造的时间、完成的时间、建造的原因以及游览的活动等。口语输出环节（Speaking part）删掉课本原本介绍外国建筑物的任务，融入北京冬奥会的场馆及中国传统文化建筑的内容。新增口语输出任务，为 2022 北京冬奥会来华的外国游客介绍颐和园（北京）、八达岭长城（延庆）和冬奥场馆雪如意（张家口）等极具中国特色的景点建筑，旨在鼓励学生在人与自我、人与社会的主题下，多角度地认识、思考探索中外的著名建筑物及其背后承载的历史文化。

二、学情分析

授课对象：旅游服务与管理专业二年级学生。

1. 学生已有知识与技能分析

了解关于旅游话题的必备词汇，如 visit，agency，show，book 等；了解从 so much to do before we travel（旅行前的准备），到 travel journal（旅行计划的撰写）。

2. 学生学习能力和学习风格分析

高二旅游专业刚刚完成本学期的实习实训任务——北京 2 日游。对旅行前的计划和实施都有着丰富的专业知识储备。经过专业知识的学习及旅游基础、讲解服务等专业课的训练，其建筑物讲解能力、演讲表达能力，都已经有了很大的提升，为本课的自主学习奠定了基础。

3. 学习本任务可能面对的困难与问题

已经掌握了基础词汇以及必备语法，但不会用英文完整介绍景点建筑等。

三、教学目标

（一）教学目标确定

知识目标：

1. 识记关于介绍中外著名景点建筑的相关词汇和常用表达，比如 guide，tourist，design，locate ...；I am very glad to be your tour guide/to introduce ... etc（职场语言沟通）。

2. 掌握介绍中外著名景点建筑的常用句型，如 It was located in ...;It was built in ...;

It was designed by ...etc（职场语言沟通）。

能力目标：

1.能够听懂建筑物的建造时间、所在位置等基本信息（职场语言沟通）。

2.能够使用相关词语和 3W 对话框架，自选冬奥景点建筑进行介绍（职场语言沟通、自主学习）。

素质目标：

1.通过冬奥话题的融入，激发学生自主学习的热情，收集学习北京冬奥会场馆及周边承载中国传统文化的旅游建筑的介绍，搭建好中外文化互鉴的桥梁，传播奥运精神，讲好中国故事（自主学习）。

2.通过对中外著名建筑物的介绍，体会其中承载的不同历史文化，拓宽国际视野，形成对外国文化的正确认识、对中华优秀文化的深刻认知，以开放包容的心态理解多元文化，坚定文化自信，促进文化传播。（思维差异感知和跨文化理解）。

（二）教学重点、难点

教学重点：掌握介绍中外著名景点建筑的常用句型。

教学难点：能够使用相关的词语和 3W 框架自选冬奥景点建筑进行介绍。

四、教学方法

（一）教法分析

本课根据教学目标、教材内容和学生认知规律，紧密结合学生实际及所学专业，主要运用产出导向教学法进行教学，分为驱动、促成、评价三个部分。

（二）学法分析

本课学生采用自主学习、合作探究的学法，充分发挥学生在课堂中的主体性作用，教师进行必要的引导，让学生能够在情境中完成未来职业情境中的任务，内化情感态度价值观。

五、教学过程

教学过程分为驱动、促成、评价三部分。

（一）课前部分（驱动）

1. 学　生

（1）用手机登录学习通，学习教师上传的网站内容和语料：北京 2022 年冬奥会和冬残奥会组织委员会的官方网站，并在班级讨论区选出三个赛区（北京、延庆、张家口）的场馆及赛区周边具有中国特色的优秀传统文化的建筑，并进行英文介绍语料的收集。

（2）了解课堂任务，课前尝试产出。扫码登录批改网，根据语料和写作要求进行分组，自选景点建筑的介绍，并根据批改提示进行修改和完善。

2. 教　师

（1）课前评价，了解不足，学情分组。教师根据批改网导出的数据进行学情分析，发现学生的问题有：词汇量少，单词拼写错误，词组搭配不当，一般过去时的被动语态出现错误较多，逻辑结构混乱不清等。

（2）生成性学习资源。将学生出现的问题和学生收集的优秀景点介绍内容作为生成性学习资源，在课堂重点突破，为学生口语输出做铺垫。

设计意图：将课上学习拓展到课前，把课内知识延伸到课外，充分利用翻转课堂的理念，激发学生兴趣，增强学生参与意识。学生通过自学进入专业情境，通过前测了解自身的问题，促使学生产生饥饿感。平台收集的学情分析，可以更好地为老师精准定位教学重点、难点，为学生指明学习方向，有助于生成性学习资源的动态形成。

（二）课上部分（促成）

1. 明任务，给标准（2分钟）

播放北京冬奥会外语宣传片，习近平总书记邀请各国友人来中国旅游，从而引入课堂任务：假设你是旅行社的一名导游，借助 2022 年北京冬奥会的契机，介绍中国冬奥会及北京标志性的旅游建筑给外国游客，让外国友人更好地了解冬奥，了解北京，了解中国文化。

设计意图：帮助学生明确最终学习任务——介绍中国优秀传统建筑给外国游客。

2. 促成—听（6分钟）

★ 1st 听对话，识关系（2分钟）

学生手机扫码登录希沃白板获取课件，教师在平台发起听力任务。学生借助手机内置查词软件，进行自主学习。老师给出任务，即寻找对话人物关系，播放第一遍听力文本，学生在手机端从三段关系中进行选择。通过选择，学习 tour guide 和 tourist 两个人物词汇，教师写人物关系的板书，并领读人物词汇，纠正学生发音。

★ 2nd 听对话，找问题（2分钟）

教师给出任务，即找出对话中的问题，并播放第二遍听力文本，学生在手机端边听边将提到的问题拖拽到对话框内，听后师生共同确定问题答案，包括 When was it built（建筑物建造的时间）、Why was it built（建造的原因）以及 Who designed it（谁设计的）这三个问题，教师同时写板书的思维导图。

★ 3rd 听对话，学句型（2分钟）

教师给出任务，找出问题的答案。学生根据听到的音频从选项中拖拽重点词组、句型，如 statue, be located in, be built for 等，补全文本。教师勾画重点句型，进行重点讲解。学生可以在手机端反复听写，练习重点句型。

设计意图：教师设置听力任务，通过识关系、找问题、学句型三个子任务，锻炼学生听识话题信息的能力。学生通过手机端自主查词培养学生自主学习能力，平台即时检测听力能力的学习效果，此环节学生实现了景点建筑介绍对话中的语言积累，完成知识目标1和能力目标1。

3. 促成—练（5分钟）

（1）播放视★练口语，纠语音。

AI 平台口语智能练习。学生在 ismart 平台上，以听力任务文本为口语素材，选择角色，人机对话，反复跟读模仿，后台直接标出读错的单词和句子，评价读音，

学生可根据后台对角色的评价进行反复进行口语练习。（5 分钟）

学生在 ismart 平台上的练习举例

设计意图：通过口语练习环节，学生在平台进行角色扮演。在练习的过程中，不仅检测了相关单词词组的语音语调，也练习了句型，为下一个口语输出环节的顺利完成奠定了发音基础，进一步巩固内化知识目标。

4. 促成—说（28 分钟）

★析文本，搭框架（3 分钟）

教师出示对话文本，提炼 3W 对话原则，建造的时间、原因和设计者即（When was it built, Why was it built, Who designed it），帮助学生形成对话框架。并再次明确对话写作的标准。

★依框架，写对话（8 分钟）

学生根据 3W 对话框架，以小组为单位，撰写自选景点建筑的对话。结合课前小组在线"学习通"对冬奥会场馆及周边最具北京特色的优秀传统建筑进行讨论，分别为北京的颐和园、延庆的八达岭长城和张家口的雪如意奥运场馆。

★纠错误，改对话（7分钟）

学生投屏作品，教师将小组撰写的3篇对话进行批改，学生根据建议进行修改完善，突破教学重点。

★讲景点，展风采（10分钟）

介绍前，教师明确最佳导游的评判标准和原则。之后，每个小组派两名代表，将组内的作品进行专业讲解。学生在展示过程中给予即时评价辅助。

设计意图：【说前】对话的精析，构建3W知识框架，学以致用，使学生将所学知识运用到实践中。写对话脚本。针对问题修改对话脚本，并完善脚本的过程，突破了教学重点。完成知识目标2和能力目标2。【说中】学生通过扮演导游和游客的角色，深入了解英文介绍逻辑的同时，体会旅游专业的职业特点，彰显文化课为专业课服务的理念，突破教学难点。学生在学习中外建筑文化的过程中，拓宽国际视野，传递中华优秀的建筑文化精神，达成情感素养目标。

（三）评价（4分钟）

★发问卷，评最佳

教师根据3组展示，进行点评和小组互评。师生登录问卷星并根据评价单评选出最优小组（4分钟）。教师点评后，颁发奖励，点睛升华。

评价单(Evaluation form)

1. 语音语调标准（Intonation）：1~10 point
2. 词汇、词组准确（Accuracy）：1~10 point
3. 含有3W对话框架(3W standard)：1~10 point
4. 语态得体，职业素养(Vocational levels)：1~10 point

教师评价单示例

★发奖励，留作业

联系生活，升华情感。揭晓学生手中的"活动小奖励"实际上是一张冬奥会的奥运项目邮票。课后任务：快给你的外国小伙伴写一封介绍北京冬奥会运动场馆的信，欢迎外国小伙伴来 2022 北京冬奥会吧！

设计意图：利用随堂奖励设置悬念，作为课后拓展的素材。创新英语课堂评价方式，强调班级团队合作精神，让英语课真正为学生服务，聚焦未来职业场景。

六、教学评价

（一）优势与创新

1. 岗课赛证融通

结合新课标、岗位、1+X 实用英语技能证书，整合课堂教材内容，紧密结合时政，当堂内化为学生的英语学科素养和专业能力，非常实用，使英语知识走出了课堂，与专业对接，紧密结合了旅游服务岗位的需求（有用）。

2. 产出导向教学法

利用驱动、促成和评价，通过游戏情境导入、人机对话、导图建构体系、实际巩固新知、联系时事、升华情感等方式产出贴近专业的任务，激发学生的学习兴趣，让学生真正成为课堂的主体（有趣）。

3. 巧妙运用信息化手段

批改网收集课前学情，希沃白板和学生有效互动，微信灵活收取学生素材，ismart 实现智能纠音，问卷星对课中和课后进行评价，将信息化贯穿全过程，助力突破重、难点（有效）。

4. 教学效果创新

学生在课下能够根据教师搭建的 3W 结构框架，进行建筑物或景点的英文介绍，并能够自信展现，达成实际教学目标。本课运用产出导向法对中职英语教学模式进行了一次尝试性探索，有一定推广价值。

本课教学设计贯彻了"师生共建高质量的生命课堂"的教学理念，学生主体，教师主导，通过冬奥会的真实情境，使活动设计真实有用。将爱国主义情怀厚植旅游与管理专业，引导学生奏响中外文化与文明在互鉴传播中的有利强音，落实课程思政（创新）。

（二）不足与改进

1.问题：学生在介绍景点建筑的过程中，依据框架的讲解较好，但是讲解缺乏个性化和叙事性。

2.办法：在讲解景点建筑物的过程中能够融入更多的中国故事和文化元素。

3.措施：课前，教师布置任务，学生学习了解景点故事，总结并简述故事版本。课中，根据故事和框架进行综合讲解会更加具有意蕴，提升情感素养目标。

小任务　严规范

——清洁消毒餐桌 [①]

勾　蕊　李彩霞　张莉莉　李　岩

课程名称：保育员

使用教材：《幼儿园保育》（机械工业出版社）

授课班级：职高学前教育专业二年级一班

授课地点：保育员实训室

授课课时：1课时

一、教学内容分析

本课程使用的教材为全国学前教育专业课程改革规划新教材《幼儿园保育》，教材坚持"工学结合、理实一体"，突出"教、学、做"合一，实践性强，岗位规范要求具体，职业环境模拟度高。通过对教材内容进行分析整合，重新建立了教学内容结构，如下图所示。本次教学内容选自第一单元"清洁消毒"中的任务二"活动室的清洁消毒"中的子任务二"清洁消毒餐桌"，它是幼儿园保育员工作岗位典型的日

[①]　本项目获得2020年北京市教学能力大赛三等奖；2020年北京市京郊联盟说课大赛一等奖。

常清洁消毒工作任务，也是保育员资格考试中的重要考点。

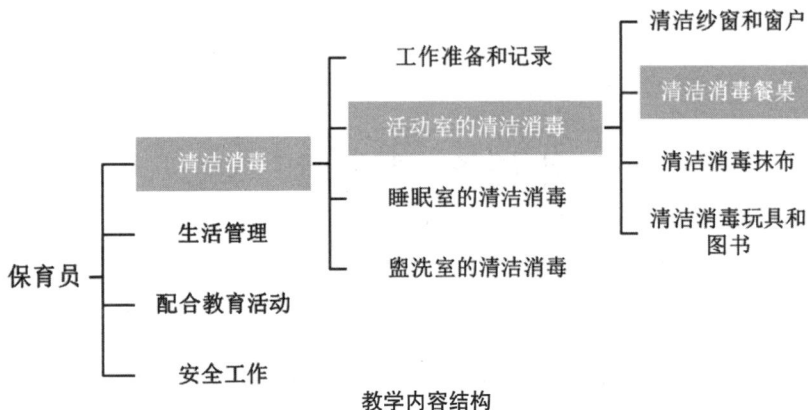

教学内容结构

从教学内容的属性来讲，清洁消毒餐桌是中职学前教育专业学生必须掌握的专业技能。结合幼儿园保育员岗位的实际要求，从操作流程的讲授示范和具体实践两个方面学习如何进行餐桌的消毒，强调严谨性和安全性，引导学生逐步形成符合岗位需求的职业素养和能力。

二、学情分析

授课对象为中职学前教育专业二年级学生，毕业后主要从事幼儿园保育员岗位的工作。

（一）学生已有知识与技能分析

经过多次的实践，全部学生已经能根据学习任务单完成清洁消毒前的物品准备。超过 95% 的学生已经能够准确说出幼儿园每日清洁消毒的顺序，知道了幼儿园不同消毒对象的消毒方法。学生已经学习了消毒剂的配置方法，约 80% 的学生会计算消毒液配置公式，并能较熟练地用 84 消毒液配置有效氯浓度为 1 ： 200 的消毒水。

（二）学生学习能力和学习风格分析

学生学习动机较强，能吃苦，比较上进，动手实操能力较强，但缺乏主动思考问题并主动解决问题的意识；具有一定的观察学习能力，但是观察的细致性和专业性有待提高；实操中积极性高，但缺乏规范性，有畏难情绪；喜欢视频或动画的信息输入方式，不喜欢文本性的信息输入方式；能熟练使用"蓝墨云班课"平台、微信等在线学习；能熟练使用问卷星测试评价；会用简单的示意图绘制工作流程。

（三）学习本任务可能面对的困难与问题

在清洁消毒餐桌这一任务中，依据学生现有水平，学生可以单独或组队完成消毒液的配置。个别同学着装依旧不规范，通过教师提醒或同学之间互相提醒，能够注意到头发、口罩等细节问题。但是清洁消毒餐桌的"清—消—清"步骤和操作的规范性，需要教师给予必要的指导与示范讲解。

三、教学目标

（一）教学目标确定

知识目标：

能够说出幼儿园清洁消毒餐桌的"清—消—清"工作程序，以及每个环节需要注意的问题。

能力目标：

能够按照保育工作的规范要求，完成清洁、消毒餐桌的工作；能够在操作过程中关注到操作的规范性。

素质目标：

学会保育员在清洁消毒餐桌工作过程中认真严谨的工作精神；形成热爱劳动、爱岗敬业的工作态度。

（二）教学重点、难点

教学重点：能够按照保育工作的规范要求完成清洁、消毒餐桌的工作。

教学难点：折叠抹布的方法及擦拭桌子的路径；注意操作的规范性。

四、教学方法

（一）教法分析

本课采用任务驱动教学法，通过创设与工作岗位对应的清洁消毒餐桌任务情境，引起学生对该任务的重视。通过任务分析、任务实施、任务评价、任务小结、任务拓展等环节，学生明确清洁消毒餐桌的工作流程和要求，并能规范地进行实践。同时渗透思政教育理念，使之树立热爱劳动、爱岗敬业的工作作风。

（二）学法分析

本课采用小组合作学习法，学生借助微信、问卷星等信息化资源，采用自主、合作探究的学习方法，动手实践、动脑思考，发现问题、解决问题，最终实现学习目标。

五、教学过程

（一）课前准备

需要准备的物品有：工作服、帽子、口罩、橡胶手套、三个盆（两个盆装清水，一个盆装消毒水）、三块干净的抹布。

学生登录蓝墨云班课进行课前检测。教师通过微信群发送学习任务单，提醒学生本节课需使用的物品。结合已经学过的消毒液的配置方法，学生配置好有效氯浓度为 1∶200 的消毒水 5 升。

设计意图：以现代化信息教学手段提高学生学习兴趣，突出信息化教学优势。通过课前准备，为完成教学目标打下良好基础。

（二）课上部分

1. 创设情境

教师出示跟就业岗位直接相关的案例情境，提醒学生在未来实习时也会遇到清洁消毒餐桌的任务，引起学生的重视。学生阅读案例：尝试说出小刘老师清洁消毒餐桌的工作流程出现的问题；你认为规范的操作流程是什么。

案例：小刘老师中职毕业到幼儿园实习的第一天便接到了清洁消毒餐桌的任务。她认真地把桌子擦了一遍，力争不留一个死角，但是主班老师还是说小刘老师清洁消毒餐桌的操作流程不规范。提问，小刘老师究竟在哪个环节出问题了？你知道怎么清洁消毒餐桌吗？

设计意图：创设与岗位对应的工作情境，加深学生对清洁消毒餐桌任务的重视程度。

信息化手段：教学 PPT 呈现案例

2. 明确任务

教师引导学生明确本节课学习的任务：按照"清—消—清"的顺序，规范地完成清洁消毒餐桌的任务。

设计意图：明确任务要求，以任务为导向，开展探究学习。

信息化手段：在线填写学习任务单。

3. 分析任务

（1）播放视频

出示 2019 年北京市技能大赛参赛学姐清洁消毒餐桌项目满分视频。通过视频，学生既能初步感知规范的流程，又能意识到自己也可以通过努力完成规范的操作，增强自信。

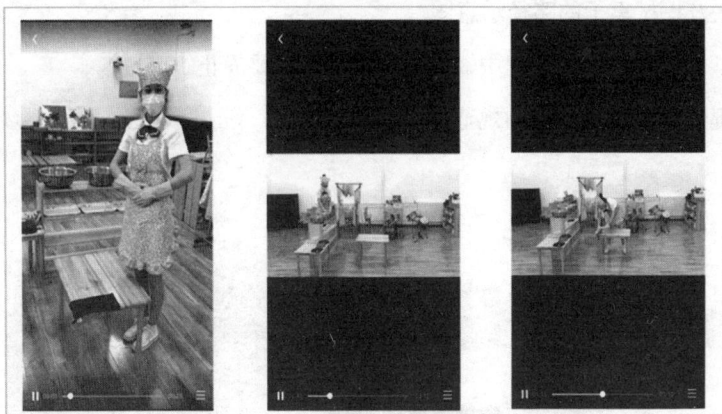

2019 年北京市技能大赛参赛学姐清洁消毒餐桌项目满分视频

信息化手段：多媒体播放学姐清洁消毒餐桌视频

（2）准备工作

检查着装：要求围裙干净，系得松紧适宜，便于操作；佩戴一次性帽子，帽子外不可露出头发；佩戴一次性口罩，双侧挂耳，鼻夹位于正上方，鼻夹贴近鼻脊面。

信息化手段：出示穿工作服的视频片段，帮助尚未掌握的学生进一步了解如何整理服装。

清洗双手：按七步洗手法清洗双手（内、外、夹、弓、大、立、腕）。

清点物品：对照学习任务单，清点清洁消毒餐桌需要的物品：工作服、帽子、口罩、橡胶手套、三个盆（两个盆装清水，一个盆装配置好的有效氯浓度为 1 ∶ 200 的 84 消毒水 5L）、三块抹布（两块清洁抹布，一块消毒抹布）。

设计意图：进一步规范准备工作，感受清洁消毒工作过程的规范性和严谨性。

（3）教师讲解示范清洁消毒餐桌的程序和方法

教师逐步讲解工作流程，并示范，注意提醒学生操作流程的规范性。学生认真填写学习任务单课中部分第二题，明确操作流程及注意事项。

在步骤一即"清"的过程中，重点提醒学生按照"己"字形的路线进行擦拭，擦一行换一面，擦半张桌子洗一次抹布，画出折叠抹布的方法及擦拭桌子的路径示意图。学生可以用自己的方式，在学习任务单课中部分第三题的空白处，画出折叠抹布的方法及擦拭桌子的路径示意图。

在步骤二即"消"的过程中，提醒学生消毒水要静止 10 分钟。

反复提醒学生注意操作的规范性。

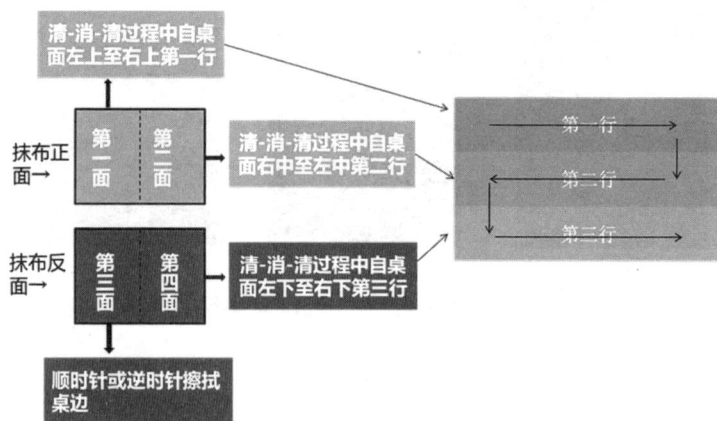

折叠抹布的方法及擦拭桌子的路径示意图

知识点：

步骤一： 清：将清洁抹布 1 放到清水盆中，揉搓，浸湿，拧半干，从桌子左上角起己字形清洁桌子，污垢处可着重用力清洁。清洁过程中将抹布对折，擦一行换一面，最后洁净面顺时针或逆时针清洁桌边。

步骤二： 消：将消毒抹布放到消毒水的水盆中，揉搓，浸湿，不要拧太干，不滴水为宜，从桌子左上角起己字形消毒餐桌（消毒路径同清洁路径）。消毒后的餐桌应静置 10 分钟，做到有效消毒。

步骤三： 清（同步骤一）。

设计意图：对工作程序有清晰认识，实现知识目标、突出教学重点，为实现能力目标和突破难点奠定基础。示意图为突破教学难点 1 奠定基础。

信息化手段：教学 PPT 呈现操作示意图。在线填写学习任务单，及时强化。

4. 任务实施

（1）教师布置口即头表述任务，学生两人一组口头表述清洁消毒餐桌工作程序、基本方法，强调程序的规范性和安全性。

（2）学生两人一组一次，进行清洁消毒餐桌的实践。一人操作时，另一名同学录制该名同学操作过程；一人操作完毕，换另一名同学进行操作，同样录制视频，将录制视频上传至班级微信群。教师巡视指导学生进行实操，再次强调操作过程的规范性。

（3）操作完毕后，两人一同看录制的操作视频，对照学习任务单，找问题，列出正确做法。再次进行实操练习，改正存在的问题，教师查看学生上传到微信群中的操作视频，发现学生操作过程中存在的问题。普遍性问题统一提醒，个别性问题单独指导。

（4）练习结束，将使用的物品放回原位。

设计意图：在实际操作之前，进行口头表述，可以帮助学生理清楚操作程序，以及各环节对应的标准和规范，强化规范操作意识。学生实际操作后，对比学习任务单，就更容易找出实际操作中的问题，印象更加深刻。修改后再次操作，更能实现操作的规范性，突出重点的学习，突破难点，实现能力目标。

信息化手段：手机录制视频；在线填写学习任务单，及时强化。

5.任务评价

（1）学生对本节课的操作流程和规范性自评、互评；

（2）教师结合学生实操，做出整体操作规范性评价；

（3）学生登录问卷星进行本节课自评，从职业技能、职业素养、小组合作能力、语言表达能力等方面进行自评。

设计意图：体现评价功能，实现组内评价、师生评价、生生评价的多元方式，提高课堂参与的广度与深度。

信息化手段：问卷星

6.任务小结

任务小结：播放任务实施过程中操作规范、完成程度高的同学视频，借此总结清洁、消毒餐桌工作程序、基本方法和要求。

设计意图：以优秀的学生为榜样，激励学生不断精进；查漏补缺，总结学习内容。

信息化手段：微信群，学生录制的操作视频。

（三）课后拓展

1.在家录制一个完整的清洁消毒餐桌工作视频，上传微信学习群。学生互相学习、评价，对喜欢的作品点赞。

2.查看"保育员资格考试"中清洁消毒餐桌部分的视频，查找其中存在的问题，并改正。

设计意图：既与岗位对接，又学以致用，突出信息化教学优势，丰富清洁消毒餐桌经验，最终完成教学目标，达到延伸课堂的目的。

信息化手段：录制视频传微信群，保育员考试清洁消毒餐桌部分的视频，在线填写学习任务单。

六、教学评价

（一）坚持"任务导向，学做结合"的指导原则

以任务驱动教学法为指导思想，秉持任务驱动的理念进行教学和学习。以任务为明线，以培养学生的清洁消毒桌面的技能为暗线，坚持以学生为主体，教师为主导，尤其是学习任务单的指引，很好地发挥学生学习的主观能动性，变被动接受学习为主动创新学习。创情境、明任务、展流程、做中学、多元评、再提升，环环紧扣，符合学生任务操作实践的逻辑思维，在操作过程中既能掌握职业技能，又能了解职业素养和思政内容，促进学生全面发展。

（二）混合式教学模式

打破课前、课中、课后的时间壁垒，综合利用线上教学和线下教学的优势，有效节省课堂教学的时间。原本需要两个课时的教学任务，通过课前学生对理论部分的学习，变为一课时的实操教学内容，大大提高了教学效率。

（三）信息化手段的合理使用，破解了学习难点，提高了学习效率

尤其是手机角色的转变，从"游戏机"变成"学习的好帮手""工作和生活的记录者"，成为学习的重要资源和工具，提高自身学习积极性，减少课堂中玩手机的现象，一举多得。

（四）根据专业特色进行教学

清洁消毒餐桌的工作程序比较烦琐，学生死记硬背操作流程，会失去学习兴趣。为解决该问题，我们引导学生将清洁消毒餐桌的流程用示意图画出来。这样当示意图完成时，他也清楚了操作流程，就能在操作中减少失误。

（五）坚持多元化智能评价

注重评价主体多元化，学生通过自评，反思自己在实操过程中的问题。通过组内及组间评价，横向对比自己和同学掌握本课要点的情况。通过教师的评价，进一步完善改进自己的实操。评价的内容也要多元化，不仅要评价学生的操作技能，还要评价学生的职业素养、小组合作能力、语言表达能力等。

角的概念推广和弧度制 ①

田贺男　于　静　周晓倩

课程名称： 数学

使用教材： 国家规划新教材《数学》（基础模块上册）

授课班级： 职高学前教育专业一年级一班

授课地点： 教室

授课课时： 1 课时

一、教学背景分析（教学内容分析、学情分析）

（一）教学内容分析

本课内容选自高教版中等职业教育课程改革国家规划新教材《数学》（基础模块上册）第五章第 2 节。主要学习 1 弧度角的定义，以及角度与弧度的换算。教学时长为 1 课时。

弧度制是《三角函数》的基础知识，它丰富了角的度量方法。用弧度来度量角，在角与实数之间一一建立了对应关系，为今后建立以实数为自变量的三角函数扫清

---

① 此教学设计在 2020 年北京市中等职业学校课程思政教学设计比赛中荣获二等奖。

障碍。

【课程思政】通过对弧度制知识的学习，使学生理解并认识到角度制和弧度制都是角度量的方法，二者是辩证统一的，不是孤立、割裂的。

（二）学情分析

本节课授课对象为学前教育专业一年级学生，她们已经掌握了运用角度制来度量角的方法，熟悉圆心角、弧长、半径等概念，但运算能力较弱。学生更愿意接受直观、具体的事物，对抽象知识的学习有畏难情绪，普遍存在抽象思维不够敏捷、对概念的教学不感兴趣等特征。

【课程思政】在学习过程中结合生活认知、专业特点，借助信息化资源和手段，激发学生学习兴趣，提高课堂效率。在弧度制与角度制的转换中，有大量计算，通过例题习题作业的讲解完成，发展数学运算的能力；提高借助数学运算分析问题和解决问题的能力，形成一丝不苟、勤于反思的作风。

二、教学目标

根据《大纲》要求，结合对教材结构与内容的分析，考虑到学生的认知结构与心理特征，制定如下教学目标：

知识目标：初步建立弧度制概念，领会1弧度角的定义；理解角度与弧度的换算公式。

【课程思政】培养学生严谨、求真的科学人文精神，养成敢于质疑、善于思考、严谨求实的作风。

能力目标：借助 flash 等信息化手段在体验中获得知识；通过根据弧度制定义推算角度与弧度的换算关系，正确进行角度与弧度的换算。

【课程思政】发展数学运算的能力；提高借助数学运算分析问题和解决问题的能力，形成一丝不苟、勤于反思的作风，培养学生的规则意识。

情感目标：在概念的探究过程中，认识角度制与弧度制都是度量角的方法，体会两者间的区别与联系。

【课程思政】使学生理解并认识到，角度制和弧度制都是角度量的方法，二者辩证统一，而不是孤立、割裂的，通过追溯历史，感受数学的文化价值。

三、重点难点

角度与弧度的换算有利于帮助学生逐步建立弧度制概念，弧度制在诱导公式和三角函数知识的学习中应用广泛。因此确定：

教学重点：角度与弧度之间的换算。

教学难点：弧度制的概念及 1 弧度角的意义。1 弧度角的意义是建立弧度概念的关键。

四、教学方法策略

《课程标准》中，要求《三角函数》这一章要渗透、落实如下四个方面的学科核心素养：数学运算、直观想象、逻辑推理、数学抽象。因此本节课采用创设有效教学情境，采用自主、合作、探究、发现的学习方式，展现学生主体和教师主导作用。让学生沉浸在积极、主动、平等、开放的学习交流环境中，引导学生情感投入，使得学生在探究知识的过程中，获得积极的情感体验，促进学生正确的人生观、价值观的形成，及探索精神和创新能力的提升。

教法：问题引领法。

学法：自主探究发现问题，小组合作解决问题。

五、教学过程

弧度制是新引进的概念，是一种新的度量体系。本课容量大，知识点琐碎，概念抽象，学生不易理解。为帮助学生更好地理解弧度制，本课教学环节分为课前准备和课上学习：

课前准备

微课学习：教师课前上传视频微课学习资源。学生课下登录云班课观看微课，复习巩固角度制的基础知识，为弧度制的学习做好准备。

知识检测：学生在线完成检测，复习角度制概念及特殊角之间的数量关系。

【课程思政落实】观看视频《一个轮子引发的圆周率》，追溯历史，感受数学的文化价值。交流体会对圆周率的认识，在拓宽视野、体会勇于追求真理的科学精神的同时，提升民族自豪感。

课上学习

环节一：以景入题

作为学前教育专业的学生，入职之后也担负了教书育人的责任，带领幼儿活动是工作内容之一。我以幼儿园教师的身份，带领学生做韵律操《爸爸妈妈谢谢你》，创设问题情境，激发兴趣，导入课题。

情景导入： 你对父母了解多少？父母的身高是多少米？腰围是几尺几寸？穿的鞋子是多少码？长度因实际需要，可以使用不同的单位制。那么角呢？是否也可以有不同的单位制呢？

弧度制在我们的生产生活和今后的学习中有着广泛的应用，今天我们就来学习角的另外一种度量方式《弧度制》。

【设计意图】从学生就业后幼儿园工作情景入手，贴近专业和学情，突破弧度制概念的引入难点，解决认知困难，激发学习兴趣。

【课程思政落实】通过观看视频，唤起学生对父母付出的感恩之情，渗透中华传统文化中的传统美德即尽孝心、重人伦、付亲情。

环节二：以问促学

本环节内容既是重点，也是难点，因此采用问题引领法，学生以发现问题为线索，解决问题为动力，探索实践为方法，自主建构新知。

问题1： "1弧度的角"是如何定义的？

定义： 等于半径长的圆弧所对的圆心角叫作1弧度角，记作1弧度或1rad。

教师flash课件演示定义；学生观看，初步感知1弧度的大小。

问题1："1弧度的角"是怎么定义的？

定义：

◆ 把等于 <u>半径长的</u> <u>圆弧</u> 所对的 <u>圆心角</u> 叫做1弧度的角，记作1rad<u>或1弧度</u>。

◆ 以弧度为单位来度量角的单位制叫做弧度制。

教师 flash 课件演示定义

【设计意图】借助 flash 课件，将抽象概念直观化，帮助学生理解知识点。

问题 2："1 弧度角"的大小是否受圆的半径的影响？师生借助 flash 课件进行验证。

明确："1 弧度的角"的大小不受圆的半径大小影响。

? 5分钟过去了，不同大小的表盘，时针转的角一样大吗？

问题2："1弧度角"的大小是否受圆的半径影响？

结论："1弧度"的大小不受圆的半径影响。

师生借助 flash 课件进行验证。

【设计意图】和初中静态角的概念进行比较，体会角的大小不受边长影响。体会数学概念在发展中，本质不会发生变化。

问题 3：弧长为ℓ的圆弧所对的圆心角是多少弧度？（弧长公式的推导）

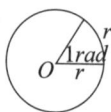

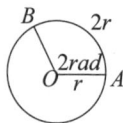

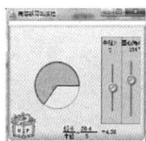

续问：弧长和半径都是正数，比值也是正数，但角有正负之分，怎么表示比较好？

弧长公式

◆ 把等于<u>半径长</u>的<u>圆弧</u>所对的<u>圆心角</u>叫做1弧度的角，记作<u>1rad或1弧度</u>。

问题3：弧长为 ℓ 的圆弧所对的圆心角为多少弧度？

$$\frac{\ell}{r} \Rightarrow |\alpha| = \frac{\ell}{r}$$

| 正角的弧度数为正数 | 负角的弧度数为负数 | 零角的弧度数为零 |

教师用 flash 课件讲述弧长公式

教师明确：正角的弧度数是正数，负角的弧度数是负数，零角的弧度数是0。

用弧度来度量角更易看清角与实数之间的一一对应关系。

【设计意图】正确理解弧长公式中的绝对值符号，加深学生对职高阶段旋转成角的理解，在完善概念的过程中体会数学概念学习的严谨性。学生借助 flash 动画的数形结合，深化理解定义，在抽象概念与具体图像之间建立联系，解决概念教学过于抽象的问题，有效突出重点、突破难点。

【课程思政落实】在问题1、2、3的解决过程中，学生在课上小组讨论、交流甚至争辩，引发思维碰撞，不仅极大地丰富了课堂生成性资源，更有助于培养学生严谨、求真的科学人文精神，形成清晰的思维与表达能力，养成敢于质疑、善于思考、严谨求实的作风。

问题4：角度与弧度怎样换算？

教师引导学生以整圆的周长为突破口，探究角度与弧度存在怎样的换算关系。

问题4: 角度与弧度之间存在怎样的的转换关系呢？

$$180° = \pi$$

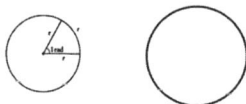

圆的周长 = ?

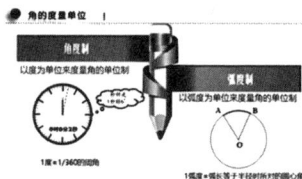

探究角度与弧度存在怎样的换算关系

学生先组内合作探究，教师巡视进行个性化指导。最后派代表交流展示，教师补充说明，学生在老师的引导下，推导出角度与弧度的换算关系式：$180° = \pi$ rad。

问题 5：你能运用换算关系将下列特殊角进行角度与弧度的转化吗？还可以换算哪些特殊角（$0°$ ~$360°$）？

$$180° = \pi$$

问题5:你能运用换算关系将下列特殊角进行角度与弧度的互化吗？

还可以换算哪些特殊角？

角度	0°	30°	45°	60°	90°	180°	270°	360°
弧度	0					π(rad)		2π

例1：$240° = $ 　　　　（rad）

运用换算关系将以上特殊角进行角度与弧度的转化

学生以小组为单位，分析特殊角之间的数量关系，借助 $90°$ 的启示，自主探究换算规律。完成将特殊角的角度化为弧度的练习，体会特殊角之间的相互转化。在强化换算关系的同时，探寻记忆方法，补充 $0°$ ~$360°$ 的特殊角的弧度制转化，并派代表交流展示。

教师完成例 1（板书）例 1：$240° = $＿＿＿＿（rad）

规范解题步骤的书写。

【设计意图】从特殊角的弧度制转换入手，强化弧度制与角度制之间的转换关系，让学生体会特殊角之间的关系，为三角函数后续知识的学习（如诱导公式等）做准备。

问题6：对于一般角该怎样运用换算关系进行换算？

问题6: 对于一般角该怎样运用换算关系进行换算？

例1: $11°=$ ____（rad）；$-100°=$ ____（rad）

$$180°=\pi$$

例2: 将下列各角弧度化为角度

（1）$\frac{5\pi}{3}$；　　　　（2）2

$$1rad=\frac{180°}{\pi}\approx 57.3°$$

$$1'=\frac{\pi}{180}(rad)\approx 0.01745(rad)$$

一般角该怎样运用换算关系进行换算

例2： ① $11°=$ ____（rad）；　　② $-100°=$ ____（rad）

教师提示将 $180°=\pi$rad 两边 180 等分可得 1° 与弧度的换算关系即：$1°=\frac{\pi}{180}$rad

师生共同板书完成例 2 第 1 小题 $11°=11\times 1°=11\times\frac{\pi}{180}$rad $=\frac{11\pi}{180}$rad

学生独立完成例 2 第 2 小题，并鼓励学生用该方法再算例 1。比较方法的优劣，找到适合自己的解决方法。

例3： 将下列弧度化为角度① $\frac{5\pi}{3}$　② 2

①学生自主尝试求解　②师生共同板演

学生不难得出：$1rad=\frac{180°}{\pi}$（将 $180°=\pi$rad 两边 π 等分）。

【设计意图】按照从特殊到一般的认知规律，学生亲身参与角度与弧度换算公式的推导，有效突出教学重点，使学生学习印象更加深刻，掌握得更加牢固。

【课程思政落实】通过问题 4、5、6 的解决，培养学生的规则意识，培养问题的转化意识；积累从具体到抽象的基本活动经验；发展运用数学抽象思维思考问题和解决问题的基本能力，养成学生在日常学习和工作中运用抽象思维的意识和习惯；转化练习发展了学生的数学运算能力，提高了学生借助数学运算分析问题和解决问题的能力，有助于学生形成一丝不苟、勤于反思的态度。小组合作学习，组内学生之间相互协作，培养学生的合作意识；各组学生之间相互竞争，培养学生的竞争意识和集体荣誉感。体会个人与集体的相互依存关系，认识到个人的一言一行都会影响到集体的利益和发展。

环节三：以练助学

检测练习：（学生独立完成）

练习：　　　　　　$\boxed{180°=\pi}$

1. 把下列各角从角度化为弧度：

(1) $75°$ ；　　　　(2) $-240°$ ；　　　　(3) $105°$

2. 把下列各角从弧度化为角度：

(1) $\dfrac{\pi}{13}$　　　　(2) $\dfrac{2\pi}{5}$　　　　(3) $-\dfrac{4\pi}{3}$

检测练习

【设计意图】课后练习，体现感悟、理解、积累、运用的教学规律，引导学生将掌握的知识能力及时迁移巩固，变成个人技能。

环节四：以结促学

学生总结

1. 学习了哪些知识点？

2. 角度制与弧度制的区别与联系有哪些？

3. 对于一个新的概念，我们可以从哪些方面去研究它？

【设计意图】理清知识的内在联系，形成系统的知识网络。总结学习概念的研究方法，探究归纳学习概念的规律。

【课程思政落实】在培养学生反思意识的同时，提高学生独立思考及表达的能力，学以致用。引导学生在学习工作中时常反思得与失，引导学生透过现象看本质。

环节五：以评促思

学生自评

学生登录蓝墨云班课平台课，填写课堂知识掌握情况自评表和个人课堂表现情况自评表，完成学生自我评价、学生互评、小组评价。

【设计意图】公平、公正的自评、互评，使学生及时反思自身存在的问题，并学会关注他人的学习习惯与方法，完善自我。

【课程思政落实】课堂自评促使学生有效反思，互评帮助学生听取他人意见，建立客观公正的评价意识，促进学生发展和价值的实现。

课后任务：布置作业

检测：1. 把下列各角由角度换算为弧度（1）15°（2）-75°（3）330°

2. 把下列各角由弧度换算为角度：（1）$\dfrac{\pi}{12}$（2）$\dfrac{3\pi}{5}$（3）$-\dfrac{4\pi}{3}$

拓展：手表上时针与分针从第一次重合到第二次重合，分针转过多少弧度？

观看视频：《计算圆周率有什么用？》

作业：

!
1：把下列各角由角度换算为弧度：
(1) 15°　(2)-75°　(3) 330°
2：把下列各角由弧度换算为角度：

(1) $\dfrac{\pi}{12}$　(2) $\dfrac{3\pi}{5}$　(3) $-\dfrac{4\pi}{3}$

拓展：表上时针与分针从第一次重合到第二次重合，分针转过多少弧度？

观看视频：《计算圆周率有什么用？》

【设计意图】根据学生个性差异布置作业，将课上知识通过检测加以巩固，合理拓展延伸，真正将所学知识内化为自己的技能。使每位学生都能发挥潜力，不断拓展提高，培养学生持续学习的能力。

【课程思政落实】有助于培养人文底蕴与科学精神，实现数学课程的文化价值

六、教学反思

（一）课前利用教学视频复习巩固了角度制和任意角的观念，为课上的学习做好知识和方法的铺垫；课上经过五个教学环节，深入浅出，遵循"从形到数，从特殊

到一般"的认知规律，"做中学"，把握重点、突破难点。既注重知识形成过程，又突出学习方法的指导。课后分层分类练习，有效促使学生将知识内化为技能。

（二）遵循教师主导、学生主体的教学理念，采用问题引领、小组合作等教学方法，学生自主探究、合作交流、师生互动完成知识的学习与技能的训练。蓝墨云班课平台将课上内容延伸至课前和课后，通过 flash 动画将抽象复杂的变换规律展示得更为形象直观，以突破重、难点，提高教学效果。

（三）本节课前、课上、课后的教学内容及资源的安排均已在《三角函数》章节提出。要以落实学科核心素养为依托，切实发展学生数学核心素养，提高学生学习数学的兴趣，增强其学好数学的信心。促使学生形成理性思维，培养其敢于质疑、善于思考的科学精神和精益求精的工匠精神，增强创新意识，树立追求真善美的价值理念。

幼儿简笔画·台灯、闹钟简笔画 ①

郭　静　李彩霞　勾　蕊

课程名称：简笔画

使用教材：《简笔画》（高等教育出版社）

授课班级：幼儿保育专业一年级学生

授课地点：美术实训室

授课课时：2 课时

一、教学内容分析

　　本课程使用的教材为高等教育出版社出版的中等职业学校学前教育专业教学用书《简笔画》，教材坚持"工学结合、理实一体"原则，突出"教、学、做"合一，本书结合幼儿园教师职业教育的特点，按照培养幼儿教师的目标要求和专业要求，在编写中突出了浅显易懂、容易理解、利于掌握等特点。本次教学内容选自第二章静物简笔画，在幼儿园的教学中有很多静物，如生活用品、交通工具等。本章按照静物简笔画绘画的难易程度，对教材进行整理和重新规划，由浅入深地学习静物简

---

① 本项目获得 2017 年北京市信息化教学能力大赛三等奖。

笔画的平面造型和立体造型，引导学生热爱生活。本课内容为本章第二节，本课以静物简笔画中台灯和闹钟的简笔画拟人化绘画入手，对简笔画的表现方法和造型步骤等要点进行讲解与实践，为掌握静物简笔画的绘画方法打下基础。

从教学内容的属性来讲，学会画静物简笔画是中职学前教育专业学生必须掌握的专业技能。结合幼儿园保育员岗位的实际要求，从理论知识的讲授示范和操作过程的具体实践两个方面学习如何画静物简笔画，强调工作过程中的专业性和创新性，引导学生逐步形成符合岗位需求的职业素养和能力。

二、学情分析

授课对象为中职幼儿保育专业一年级学生，毕业后主要从事幼儿园保育员岗位的工作。

（一）学生已有知识与技能分析

经过多次的实践，全部学生能够准确说出简笔画的造型要素（点、线、面），知道了概括法、夸张法、拟人法三种造型方法。学生已经学习了静物简笔画中表现内容的分类和表现方法，并能够应用概括法绘画静物简笔画。

（二）学生学习能力和学习风格分析

学生学习动机较强，能吃苦，比较上进，动手实操能力较强，但缺乏主动思考问题并主动解决问题的意识；具有一定的观察学习能力，但是观察的细致性和专业性有待提高；实操中积极性高，但缺乏规范性，有畏难情绪；喜欢视频或动画的信息输入方式，不喜欢文本性的信息输入方式；能熟练使用"蓝墨云班课"平台、微信等在线学习；能熟练使用问卷星测试评价；会用简单的示意图绘制工作流程。

（三）学习本任务可能面对的困难与问题

在台灯、闹钟简笔画的绘画中，学生能够利用基本形和基本形体进行写实概括和绘画，但是在台灯和闹钟的变形和夸张表现中存在困难，不知道如何夸张和变形。教师利用动画等信息化手段突破难点，完成教学目标。

三、教学目标

（一）教学目标确定

知识目标：了解台灯和闹钟的形体概括方法、线条表现及绘画步骤。

能力目标：能够根据台灯和闹钟形象进行简笔画的创作；掌握器物简笔画的绘画方法及拟人化表现。

素质目标：拓展学生想象力，提升学生创造力。

（二）教学重点、难点

教学重点：台灯、闹钟简笔画的创编及物象基本形的拟人化。

教学难点：物体符合物象基本形的拟人化。

四、教学方法

（一）教法分析

本课采用任务驱动教学法，通过创设学生绘画表现的任务，模拟实践，寻找实践中出现的问题，引起学生对该任务的重视。通过任务分析、任务实施、任务评价、任务小结、任务拓展等环节，学生明确台灯、闹钟简笔画的绘画方法和拟人化表现，并创新实践，同时渗透思政教育理念，树立勤俭节约的生活作风。

（二）学法分析

本课采用小组合作学习法，学生借助微信、问卷星等信息化资源，采用自主、合作探究的学习方法，动手实践、动脑思考，发现问题、解决问题，最终实现学习目标。

五、教学过程

（一）课前准备

学生：登录"蓝墨云班课"，绘画基本形和基本形体并上传。

教师：在云班课上传台灯、闹钟的图片；在云班课检查学生学习作业，了解学生知识掌握情况；制作绘画台灯和闹钟的绘画视频。

设计意图：以现代化信息教学手段提高学生学习兴趣，突出信息化教学优势。了解学生水平，使教学更有针对性。既是前次课的拓展，又是本节课的铺垫，为完成教学目标打下良好基础。

（二）课上部分

1. 创设情境

教师提供跟就业岗位直接相关的案例情境，提醒学生在未来实习时也会遇到静物简笔画的绘画任务，引起学生的重视。学生阅读案例，尝试说出台灯、闹钟如何画成拟人的形象。

案例：小刘老师中职毕业到幼儿园实习的第一天便接到了绘画的任务：为了让幼儿课堂更有趣味性，需要用台灯和闹钟的拟人化简笔画在课堂上使用，提问：如何绘画台灯和闹钟的拟人化简笔画？

设计意图：从专业实际出发，选取学生身边的案例，进行视频连线，让学生知道本节课的学习目标，激发其学习兴趣。

信息化手段：视频连线（FaceTime）。

2. 明确任务

教师引导学生明确本节课学习的任务：绘画台灯和闹钟的拟人化简笔画。

设计意图：明确任务要求，以任务为导向，开展探究学习。

信息化手段：教学PPT呈现案例。

3. 分析任务

（1）头脑风暴

分析：本节课的任务是否能用我们以前的知识完成，学生讨论、总结绘画中会遇到的问题，比如面对事物不知道如何下笔、画不出生动形象的拟人化台灯和闹钟等。

设计意图：通过对任务的分析，明确本节课学习重点，提出问题为实施任务阶段做铺垫。

信息化手段：教学 PPT 呈现问题。

（2）摩拳擦掌

请学生以小组为单位，利用多媒体展示和介绍绘画基本形和基本形体。

设计意图：让学生通过讨论探索巩固绘画知识，了解学生水平，并为接下来的环节做铺垫。

信息化手段：教学 PPT 呈现基本形和基本形体。

（3）小试牛刀

教师指导学生上云班课平台下载台灯、闹钟图片。

学生以小组为单位，分别对台灯和闹钟进行整体观察、分析画面中台灯和闹钟都有哪些部分组成、每一部分是怎样的结构关系和比例、每一部分最接近哪一个基本形体。

播放教师绘画视频，了解台灯和闹钟的形体概括方法、线条表现及绘画步骤。学生对比真实的台灯和闹钟图片，进行基本形和基本形体的概括绘画，完成概括法的实践。并请学生进一步思考这些作品能不能满足需求、是否拟人化、如何达到拟人化要求等这类问题。

学生对比真实台灯和闹钟图片，进行基本形和基本形体的概括绘画

设计意图：针对绘画过程中遇到的问题逐步分析，通过观看教师示范与讲解，使学生直观了解在静物简笔画绘画过程中线条的疏密对比、简化与省略、绘画表现方法与绘画步骤，完成教学目标中了解台灯和闹钟的形体概括方法的知识目标。突出闹钟、台灯简笔画的创编。对学生们进行提问，为下一环节做铺垫，为实现能力目标和突破难点奠定基础。

信息化手段：教学 PPT 呈现操作示意图，示范视频。

（4）领悟提升

观看《美女与野兽》视频片段，寻找其中拟人化静物形象，并讨论总结如何实现拟人化。根据物体特点，赋予它们属于人的形象特点，如五官、四肢等，让它们拥有人的动作、神态、感情。

设计意图：通过观看视频与自主学习，总结方法，突出学生主体地位，突破教学难点，事半功倍。

信息化手段：视频播放。

（5）下笔有神

教师利用投影仪与多媒体现场示范绘画过程。讲解注意要点，如画面中线条的疏密与对比。

设计意图：通过观看视频与自主学习，总结方法，突出学生主体地位，突破教学难点，事半功倍。

信息化手段：投影仪实训展示。

任务实施

学生自选台灯、闹钟形象，进行简笔画创编及拟人化表现。

设计意图：学生绘画，实践探究，检验学习成果，进一步完成任务。突出重点的学习，突破难点，实现能力目标。

信息化手段：手机录制视频。

任务评价

学生展示和介绍作品，对作品进行自评、互评。教师结合学生实操效果，进行整体评价。学生登录问卷星进行本节课的自评，从职业技能、职业素养、小组合作能力、语言表达能力等方面进行自评。

设计意图：体现评价功能，实现组内评价、师生评价、生生评价的多元方式，提高课堂参与的广度与深度。

信息化手段：问卷星。

（6）任务小结

任务小结：播放完成程度高的同学视频，借此总结台灯、闹钟简笔画的绘画思路，了解台灯和闹钟的形体概括方法、线条表现、绘画步骤及拟人化表现。

设计意图：以优秀的学生为榜样，激励学生不断精进，查漏补缺，总结学习内容。

信息化手段：微信群，学生绘画过程视频。

（三）课后拓展

自选静物对象，将其拟人化，完成静物简笔画，上传至微信学习群，学生互相学习、评价，给喜欢的作品点赞。

设计意图：既与岗位对接，又学以致用，突出信息化教学优势，完成教学目标，达到延伸课堂的目的。

信息化手段：录制视频传微信群。

（四）教学评价

1.优势与创新

（1）坚持"任务导向，学做结合"的指导原则

以任务驱动教学法为指导思想，秉持任务驱动的理念，进行教学和学习。坚持以学生为主体，教师为主导，对学习任务单进行指引，很好地发挥学生学习的主观能动性，变被动接受学习为主动创新学习。创情境、明任务、展流程、做中学、多元评、再提升等环节，环环紧扣，符合学生任务操作实践的逻辑思维，既能掌握职业技能，又能了解职业素养和思政内容，促进学生全面发展。

（2）混合式教学模式

打破课前、课中、课后的时间壁垒，综合利用线上教学和线下教学的优势，有效节省课堂教学的时间，大大提高教学效率。

（3）信息化手段的合理使用

手机角色正在慢慢转变，从"游戏机"变成"学习的好帮手""工作和生活的记录者"，成为学习重要的资源和工具，破解学习难点，提高学习效率，提高学习积极性，又减少了同学们课堂中玩手机的现象，一举多得。

（4）专业特色教学

在简笔画拟人画法的难点教学中，多说不如一看，百听不如一见，通过动画视频让学生直观看到拟人化绘画方法是什么样的，通过教师实训展示，让学生直观理解如何绘画才能突破难点、达到目标。

（5）坚持多元化智能评价

注重评价的主体多元化，学生通过自评，反思自己在实操过程中的问题。通过组内及组间评价，横向对比自己和同学掌握本课要点的情况。通过教师的评价，进一步完善改进自己的实操情况。评价内容方面也要多元，不仅是评价学生的操作技能，还要评价学生职业素养、小组合作能力、语言表达能力等。

I'v tried all the means of transportation
——listening and Speaking①

徐艳辉

课程名称：英语

使用教材：《英语》（基础模块 2）（高等教育出版社）

授课班级：职高学前教育专业一年级一班

授课地点：多媒体网络教室

授课课时：1 课时

一、教学内容分析

本课程使用中等职业学校英语教材大纲规划的高教社出版《英语》（基础模块 2）的第四单元"I'v tried all the means of transportation（谈论交通方式）"的听说对话内容进行教学与评价。新大纲要求教学内容贴近学生生活，突出英语学习的实用性，贯彻"以就业为导向，以能力为本位"的理念，注重培养学生语言综合应用能力。

---

① 获 2018 年北京市中职学校英语教师信息化教学设计比赛二等奖；获北京市职业院校教学能力比赛中职组课堂教学比赛三等奖。

本课程是中职学前教育专业学生必修课，为学生将来在现实生活中应用英语打基础。本单元是本章内容的第二节，起到承上启下的作用，为听说口语课，要求学生运用所学的相关词汇与句式来谈论交通方式。

本节课是基础英语模块内容。为结合学生幼教专业特点，本单元增加了幼儿常见交通词汇的学习，如：coach, mini bus 等，满足学生的职业需求，学生基本已经熟知和交通工具有关的词汇。本课是根据教材内容设计的一节听说口语课，教学围绕与生活紧密联系的某地交通状况和出行方式展开，在交流中让学生运用相关的词汇与句式来发表简单评论。

二、学情分析

本课的教学对象为职高一年级学前教育专业的学生，大部分学生英语基础薄弱，缺乏抽象思维，但极其喜欢专业课的学习，尤其是绘画、动画。结合学生专业特点，使文化课更好地为专业课服务，利用多种信息化手段，如外语智能平台、动画调动其积极性。通过课前对学生交通词汇认知的调查，发现大致情况如下：8 个基本词汇，21% 的学生完全没有掌握；14 个扩展词汇，85% 学生基本没有掌握，因此更加说明了强化记忆词汇的必要性。基于旧知，学生能用所学谈论交通方式这一话题，并学以致用，体验到英语学习的成就感。

三、教学目标

（一）教学目标确定

知识目标：

1. 能说出有关谈论交通工具的 5 个基本句型：

Did you go anywhere ...?

How did you go there?

What is the transportation like in ...?

Did you take ...? Yes,... was ... comfortable/fast/cheap/expensive.

Did you visit ...?

2. 识别描述交通工具的常见形容词，如 fast，cheap，safe 等。

能力目标：

能在模拟情境中，通过听说强化巩固常见交通工具词汇；能选用简单的形容词和重点句型，口头完成谈论交通工具的对话。

素质目标：

了解交通工具利弊，在日常出行中选择适合的交通工具，尽量绿色出行；通过小组合作学习，形成团队合作精神，体验学习成就感。

（二）教学重点、难点

教学重点：学习生活中常见的 5 个有关谈论交通方式的句型，并能简单使用。

教学难点：运用所学描述交通工具的形容词和句型，在模拟情境下完成相应对话。

四、教学方法

（一）教法分析：角色扮演法、情境教学法

依据教学大纲和学情，本设计在任务驱动教学法和角色扮演法的指导下，采用记忆法、听说法等方法，引导学生根据教师的引领，分阶段完成配音任务。充分利用信息化辅助教学，如问卷星调查学生学情和反馈学生学习效果、手机游戏攻克词汇难点、微课学习句型、ismart 外语智能平台精细语言学习和阶段性标准化评分、皮影客配音发挥创意等直观与易操作性方式，激发学生学习兴趣，层层推进突破重、难点，练习词汇、句型和对话，丰富教学内涵，充分发挥学生主观能动性。

（二）学法分析：小组合作学习法、听说法

将 24 名学生分成 6 个大组，每组有 A、B、C 三层的学生。分层教学让不同水平的学生完成不同难度的任务，小组成员之间可互助。主要采用小组合作和口语听说的学习方法，讨论、合作、交流完成英文对话任务；而皮影客英语配音动画的制作，则充分调动学生的口、耳、手、脑，使其在真实任务情景中，进行语言运用，还结合幼教专业知识，提升本学科知识和专业技能。

五、教学过程

（一）课前部分

教师在问卷星上发布词汇调查问卷，了解学生对于交通工具词汇的熟记情况，并根据调查结果，调整本节词汇教学进度以及内容；学生登录外语智能平台完成课前任务，让学生预习、复习和认读词汇；每人认领一个单词，做一张单词卡片，做好后上交，教师筛选出精美的词汇卡留用。

设计意图：通过问卷星调查学情，了解学生的新旧知识掌握程度，有针对性地开展教学，利用外语平台发布教学资源，并进行练习，为学生自主学习提供支持，也有利于教师掌握学生的课前学习情况，调整教学预设。强化词汇巩固练习，比如句型听力练习、预习，初步认知重点句型等。学生自主预习、学习，为课上学习做好知识储备。

（二）课上部分

环节一 复习导入（4分钟）

1.看一看，说一说（2分钟）

观看视频，学生齐唱幼教儿歌"交通工具"，教师提问："你能用英文说出这些交通工具吗？"展示交通工具的18张PPT图片，让学生依次说出词汇。最后，全体学生在一名学生的带领下，用学生手工制作的词汇卡片，齐读上节课所学的词汇。

2.词汇连连看（2分钟）

微信群发布游戏链接，学生做词汇连连看游戏，检验学生掌握重点词汇的程度。

设计意图：强化、记忆与检查核心词汇学习程度。既复习旧知，又引出新知，起到了画龙点睛的作用，更能激发学生学习兴趣。

环节二 视听训练（13分钟）

1.句型呈现（1分钟）

教师PPT呈现5句中文句子，让学生快速说出这5句中文对应的英文句子（课前完成的听力任务），列出重点句型。

2. 对话呈现（3分钟）

学生学习对话视频，回答相关问题，进一步理解对话，把握关键细节。学生观看视频并跟读，运用重点句型，完成平台角色扮演对话，并纠正语音语调。

3. 角色扮演，口语强化（5分钟）

教师让学生两人一组，分角色练习对话，采取分层教学，针对不同层次的学生有不同要求（如脱离材料表演、带着材料表演、带着材料朗读等），并至少让2组学生在全班面前进行分角色的对话表演。

设计意图：听说训练学生归纳、总结的能力，让同学们对重点句型进行口语练习与输入，教师帮助其规范语音语调。角色扮演强化学生运用所学语言和句式展开话题的能力。平台练习引导学生大胆开口说英语，并即时纠错与反馈，提高训练效率。

环节三　语言运用（18分钟）

1. 发布动画配音任务（1分钟）

教师提问："你平时最常用的是哪种交通工具？为什么？"学生自由回答。教师发布任务，展示配音标准。

教师发布展示配音标准

2. 配音任务 1（4 分钟）　读一读，练一练：教师给出 5 个地方交通状况的小对话以及 1 个范例，让学生 2 人 1 组练习其他 4 个，并在练习时利用皮影客动画上传 1 个对话练习，教师播放 4 组学生课上完成的小对话。学生和教师总结并列出描述交通工具的形容词，课后把作品上传到 Ismart 平台，并记入成绩。

设计意图：利用配音强化记忆句型，并在真实的语言情境中，练习所学语言，展开对话，为之后的小组学习打下良好基础。同时配音辅助教学，激发学生兴趣，优化教学质量。

3. 配音任务 2（13 分钟）

小组合作学习：让学生根据基础分为 4 组，每组 6 人，保证各组的学生能力基本达到平衡。

（1）创设情境，布置任务

教师创设情境："上个月，你们小组在某地刚参加完幼儿教师的培训，你在和你的朋友谈论这次旅行。你们需要选择这次的出行交通工具。你们会选什么，为什么选择这种交通工具？"布置任务：结合所学的词汇和句型，每组根据情景完成一个有关交通工具的英文对话，并包含描述交通工具的形容词和本课重点句型。

（2）明确要求，分配任务

教师讲明任务规则：每个小组根据所给情境，参考教师所发交通工具的词汇卡，学生明确知道完成1个英文对话的要求。组长负责分配任务，使每个组员都有任务，共同完成开放对话。每组完成1个动画对话配音，充分发挥学生的主观能动性，使学生共同提高。

（3）小组展示，交流提升

各组配音对话上传皮影客，发布、交流、分享、点赞。小组完成任务后，教师选2组成员向全班展示他们的对话，教师简单点评。课后，小组交流互评，完善本组作品，并把本组动画作品和文稿，上传到平台。

设计意图：通过皮影客完成配音任务，进行分组展示。充分引领学生置身于任务情境中，合作学习。引导学生，实现做中学、做中练、做中巩固，使语言运用的情景更为恰当。并再次检查本课重、难点知识的掌握情况与实际语言运用的能力，让学生的能力更为多元化，从而能够学以致用、融会贯通。

环节四　总结评价，展示交流（3分钟）

依据评价标准，在线完成多元评价，使软件评价、平台评价、教师评价和学生自评与互评相结合。

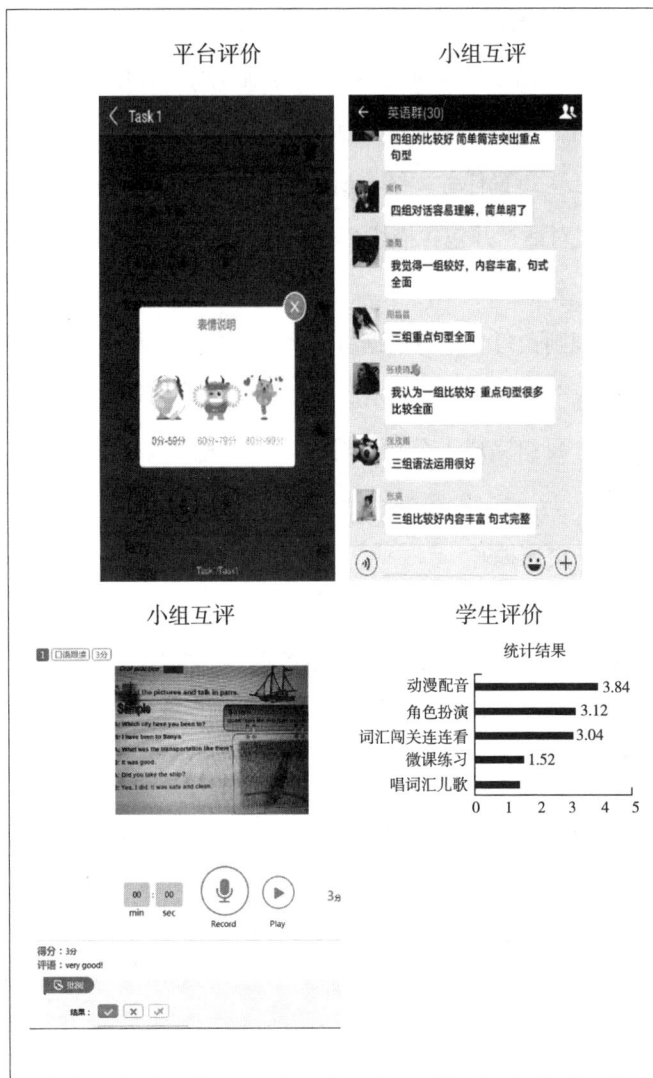

在线完成多元评价的多种方式

设计意图：记录学习成果，明确学生目前的学习情况，找到存在问题的地方，提高其学习的实效性。让教师更清楚每名学生的基础水平，易于查漏补缺。教师也可以更好地分析学生学习效果，为以后的教学设计提供参考。

环节五 提炼升华，课后延伸（2分钟）

学生在教师的引领下，明确学习重点，能够掌握相关的词汇来描述某地的交通状况，强调知识运用及技能掌握。布置课后回答问题和调查表格的作业，继续强化知识和拓展知识，并上传到群里。填写交通状况表格，进一步巩固知识并展示。

设计意图：总结、回顾、梳理本节课的重、难点知识，强化学生记忆。课后作业延伸课堂教学，再次强化本课学习的知识点，达成学习目标。

六、教学评价

（一）优势与创新

综观整节课，本教学设计亮点有三：

高效学习，寓教于乐。游戏记忆词汇，动画练习对话，让学生玩中学、学中做、做中发展，充分体现学生主体地位，提高学习高效性。

以趣引领、激趣促学。教学融入唱儿歌、做动画、角色扮演等充满乐趣的环节，激发学生学习激情，将学生引入语言学习的情境中，减少畏难情绪。

技术助力，优化教学。教学设计借助平台、问卷星等手段，注重评价互动细节。通过机械操练、含意操练、交际操练等方式，提升学生的语言水平，并能深刻体悟语言魅力。融合信息化教学内容，关注课文主题，使学生学习知识更为灵活；突破传统课堂教学方法，使教育更为生动，让课堂真正成为有用、有趣、有效的"三有"课堂！

（二）不足与改进

本课的板书设计应更巧妙，并能更好地为教学服务。

圆柱圆锥球 ①

于　静　马　利　赵海宏

课程名称： 数学

使用教材： 中职《数学》（基础模块）

授课班级： 职高数字媒体专业二年级一班

授课地点： 高二数媒 1 班教室

授课课时： 2 课时

一、教学内容分析

《数学》是数字媒体专业必修的文化课，该课程可以为社会培养具有多媒体后期制作与创新能力的数字媒体专业人员，本课选自《数学》基础模块下册第九章第五节第二部分，共 2 课时，数学概念丰富，公式知识点明确，便于翻转课堂的实施；圆柱、圆锥、球是生活中比较常见的立体几何图形，学生已经有了基本认识。在已学棱柱、棱锥的基础上，利用信息化教学手段继续探究"圆柱、圆锥、球"，进一步提高学生空间想象力和创造力，促进学生的专业学习和发展，也为后面进一步探究

---

① 本项目获得 2018 年北京市教学能力大赛三等奖。

"简单组合体"奠定基础。

二、学情分析

授课对象为数字媒体专业二年级学生。

1. 知识储备

已经学过棱柱与棱锥的概念和特征；会计算棱柱与棱锥的表面积、体积。

2. 性格特点

讨厌枯燥的数学讲解；对信息化学习非常感兴趣；具有一定的自主探究能力，喜欢合作讨论、展示自己。

3. 不足之处

调查结果显示，只有 24% 的学生能想象出来圆柱、圆锥、球的旋转形成过程，84% 的学生已经写不出圆柱圆锥的表面积、体积公式，更不知道公式如何推导。

三、教学目标

（一）教学目标确定

知识目标：了解圆柱、圆锥、球的结构特征及表面积、体积公式推导过程；掌握圆柱、圆锥、球的表面积和体积公式及计算。

能力目标：能默写圆柱、圆锥、球的表面积、体积公式，并能应用公式完成课堂习题的计算；能说出圆柱、圆锥、球的表面积、体积公式推导方法。

素质目标：通过数学与专业课的联系，感受学习立体图形的价值，培养勇于探索的精神，引入部分借助与邓亚萍和姚明相关的球类运动，向学生传递爱国主义精神。

（二）教学重点、难点

教学重点：圆柱、圆锥、球的结构特征及其表面积、体积的计算。

教学难点：圆柱、圆锥、球表面积、体积公式推导。

四、教学方法

（一）教法分析

整个教学过程，以翻转课堂教学模式为引领，做好课前学习。依托"蓝墨云班课"教学平台，打破时空限制，并精选动画设计微课，结合自主学习任务单，实现学生自主高效学习，激发学习兴趣，解决学生怕学、不学的问题。摒弃枯燥、抽象的传统讲授模式，使学习生动、有趣。

（二）学法分析

本课学习过程中，学生展示所学成果，充分发挥微信弹幕、flash 动画、三维立体几何模型教学系统的优势，将抽象的知识点变具体，让课堂真正生动、有趣起来；在课后拓展环节，完成下节知识点自学任务单的学习，并将所学圆柱、圆锥、球的知识与专业相结合，设计动画片头视频，并上传平台分享，促进学生发展和提升。

五、教学过程

（一）课前部分

教师设计《圆柱、圆锥、球自主学习任务单》，录制微课，将微课、教学资源及自主学习任务单上传到蓝墨云班教学平台。学生登录"蓝墨云班课"教学平台，查看课前微课学习资源，自主学习并完成该任务。在平台上可以随时互相讨论、协作解惑，并完成课前自测题；疑难问题小组统计反馈给课代表，课代表平台反馈，老师分析结果，增强课堂教学的针对性。

设计意图：学生通过观看微课自主学习、在线讨论并完成课堂自测题，为课上探究与展示圆柱、圆锥、球的知识做好准备，帮助教师有针对性地开展教学工作。信息化手段及应用：利用教学平台发布微课、动画、自主学习任务单，打破时空限制，激发学生的学习兴趣；教师通过分析课前自测题结果，了解学生的学习情况，针对每个同学的情况进行具体指导。

（二）课上部分

环节一 展示成果（35分钟）

在展示环节，各个小组之间互帮互助，共同解决问题。之后，学生进行展示，把自己的思路、观点、方法以多种形式展示出来，可讲解或提问，其他同学可通过微信平台实时发布弹幕，交流见解，加强互动性。

设计意图：学生思维展示的过程就是实现价值的过程。微信"弹幕"让全员能够实时交流，学生便更加努力地思考问题，提高学习效率。

圆柱的基本概念和性质

学生播放圆柱 flash 动画，结合实物模型，展示圆柱的基本概念和性质；教师认真倾听，做好记录，不加以评判，耐心引导学生，待结束后给予点评。

圆柱的侧面积与表面积

学生播放三维立体几何模型系统的圆柱展开合成动态图，结合实物模型，展示圆柱的侧面积和表面积公式推导过程。

总结得到圆柱的侧面积和表面积公式：

$s_{圆柱侧} = 2\pi rh$

$s_{圆柱侧} = 2\pi r(h+r)$ 其中 r 为底面半径，h 为圆柱的高。

教师认真倾听，做好记录，不加以评判，耐心引导学生，待结束后给予点评。

圆柱的体积

学生展示分割法求圆柱的体积动画，展示推导过程，得到圆柱的侧面积、表面积及体积的计算公式如下：

$V_{圆柱} = \pi r^2 h$

其中 r 为底面半径，h 为圆柱的高。

教师认真倾听，做好记录，不加以评判，耐心引导学生，待结束后给予点评。

总结圆柱的表面积、体积公式

学生代表归纳公式的推导过程，总结归纳圆柱的表面积、体积公式，做到熟记于心。

圆锥的基本概念和性质

学生播放圆锥的 flash 动画，结合实物模型，展示圆锥的基本概念和性质；教师认真倾听，做好记录，不加以评判，耐心引导学生，待结束后给予点评。

圆锥的侧面积与表面积

学生播放三维立体几何模型教学系统的圆锥展开合成动态图，结合实物模型展示圆锥的表面积公式推导过程。得到圆锥的侧面积、表面积及体积的计算公式如下：

$$s_{圆锥侧} = \pi r l$$
$$s_{圆锥表} = \pi r (l + r)$$

其中 r 为底面半径，l 为母线长，h 为圆锥的高。

教师认真倾听，做好记录，不加以评判，耐心引导学生，待结束后给予点评。

圆锥的体积

学生播放动画演示的同底等高的圆柱与圆锥装水实验，并动手操作，展示圆锥的体积公式推导过程；教师认真倾听，做好记录，不加以评判，耐心引导学生，待结束后给予点评。

得到圆锥的体积的计算公式如下：

$$V_{圆锥} = \frac{1}{3} \pi r^2 h$$

其中 r 为底面半径，l 为母线长，h 为圆锥的高。

总结圆锥的表面积、体积公式

学生代表归纳公式的推导过程，提炼圆锥表面积、体积公式，做到熟记于心。

球的基本概念和性质

学生播放 flash 动画，结合实物模型展示球的基本概念和性质；教师认真倾听，做好记录，不加以评判，耐心引导学生，待结束后给予点评。

球的表面积和体积

学生播放分割法求球的表面积、体积动画，结合实物模型展示球的体积和表面积公式推导过程。得到球的表面积与体积的计算公式如下：

$$s_{球} = 4 \pi r^2$$

$$V_{球} = \frac{4}{3}\pi r^3$$

其中，r 为球的半径。

总结提炼球的表面积、体积公式。

学生代表归纳公式的推导过程，提炼球的表面积、体积公式，做到熟记于心。

设计意图：Flash 动画直观演示，帮助学生理解教学重点，有效提升学生的空间想象能力；结合实物模型动手实验进行探究，更加直观地表现知识，实现"做中教，做中学"，突出教学重点，突破教学难点，提高学习效率，降低学习难度；通过三维立体几何模型教学系统展示的圆柱、圆锥展开与合并动态图，认清形成过程及各种量的关系；动画展示用分割法求球的体积及表面积，有助于学生突破难点；将知识点重新提炼总结，有助于学生理解与记忆圆柱、圆锥、球的表面积与体积公式，强化教学难点。翻转课堂让学生成为课堂的主人，锻炼学生的分析能力和语言表达能力，突出本节课的重、难点。学生通过利用 Flash 动画、三维立体几何模型教学系统展示的圆柱、圆锥展开与合并动态图，动画展示分割法求球的表面积及体积，进行课堂展示。更加直观地表现知识，提高学习效率，降低学习难度。

环节二　释疑拓展（5 分钟）

根据学生弹幕及课堂反馈，教师有针对性地讲解疑问，拓展延伸。因为学生很难理解采用分割法求球的表面积和体积的方法，所以需要循序渐进教学。由分割法求圆的面积过渡到求圆柱的体积，拓展到求球的表面积和体积。就这样层层递进，可以更快突破难点，也降低了学生理解问题的难度。

设计意图：拓展延伸、提高能力；层层递进突破难点。借助微信弹幕反馈，实时掌握学生情况。

环节三　练习巩固（30 分钟）

练习题：

1. 已知圆柱的底面半径为 1 厘米，体积为 3π 立方厘米，求这个圆柱的高与表面积。

2. 已知圆锥的母线的长为 2 厘米，圆锥的高为 1 厘米，求该圆锥的体积。

3. 球的大圆周长是 80 厘米，求这个球的表面积与体积。

4.用长为 6 米，宽为 2 米的薄铁片卷成圆柱形水桶的侧面，铁片的宽度就是水桶的高度。求这个水桶的容积。

5.已知圆锥的底面半径为 2 厘米，高为 2 厘米，求这个圆锥的体积。

6.一个球的半径为 3 厘米，求这个球的表面积与体积。

学生小组讨论后进行计算，将计算结果用手机拍照，并上传到"蓝墨云班课"教学平台，学生找出有代表性的问题分析和点评，并上台讲解。

设计意图：学生上台展示自己的计算结果并进行讲解，学生便成为课堂的主人，对学生的分析能力和语言表达能力来说是一种锻炼。通过练习，进一步巩固本节知识，突出本节课重点，为下节学习简单组合体做准备。"蓝墨云班课"教学平台呈现学生作品，帮助学生查漏补缺，同时便于教师直观对比分析，及时掌握学生的学习情况。

环节四　自主纠错（5 分钟）

学生通过观看答案详解、平台详解视频或与同学讨论，自主纠正错题。教师巡视课堂，遇到学生解决不了的问题，就及时给予引导。

设计意图：通过纠错，学生可以更好地掌握本节重点，为下节学习简单组合体做准备。"蓝墨云班课"教学平台帮助学生查漏补缺，培养了学生的自主学习能力。

（三）课后拓展

1.让学生根据本节所学圆柱、圆锥、球结合专业知识，课后设计一个与圆柱、圆锥、球相关的动画片头，上传平台进行分享。

2.让学生课后登录"蓝墨云班课"教学平台，观看下节微课，完成《简单组合体的自主学习任务单》。

设计意图：拓展延伸、提高能力，将数学与专业相结合，为下节学习简单组合体做准备。借助"蓝墨云班课"平台进行课后拓展，全员分享成果。同学们学以致用，增强自信心。

六、教学评价

（一）总结评价

1. 学生自评

学生登录"蓝墨云班课"平台，填写《课堂知识掌握情况自评表》和《个人课堂表现情况自评表》，完成自我评价。

2. 全方位的综合评价

学生评教师：学生登录"蓝墨云班课"平台，填写《教师评价表》，多方面进行反馈，比如教学表现、课堂设计等。教师进行教学反思，提高教学水平，改善教学方法。

教师评学生：教师从学生课堂表现、学习目标是否达成等多方面，对学生个人及小组进行评价，通过学生自评、师生互评，促进师生共同发展。

设计意图：学生在总结的过程中，对知识进行再认识，教师进行教学反思，通过学生自评、师生互评，促进师生共同发展。借助平台问卷进行评价，可以更好地得到反馈结果。

（二）反思与改进

1. 教学设计从生活出发，实现数学与专业相结合

采用任务驱动教学法，教学设计从生活出发，实现数学与专业相结合，球的引入中提到姚明、邓亚萍努力拼搏、为国争光的精神，向学生传递爱国主义精神。通过数学与专业课的联系，让学生感受到学习立体图形的价值，激发学生设计灵感，设计有关圆柱、圆锥、球的动画片头，实现数学与专业相结合。

2. 引入翻转课堂理念，凸显学生主体特色

由 3 课时缩短为 2 课时，引入翻转课堂理念，凸显学生主体特色，充分体现学生的主体地位，实现做中教、做中学，学生参与度显著提高，空间想象能力也得到提升。

3. 课堂教学着力于打造高效课堂，凸显信息技术特色

课堂教学着力于打造高效课堂，凸显信息技术特色。一改传统知识讲授，将枯燥、抽象、困难的知识点变得形象、生动、有趣，有效提升了学习兴趣，学生课堂知识掌握情况达 96%，比以往明显提高，教学效果得到提升。蓝墨云班课教学平台、课前微课、自主学习任务单、问卷调查、动画、微信、弹幕、三维立体几何教学系统等信息化手段，使课堂效率高、趣味足。凸显信息技术特色，有效提高教学互动性和可操作性，突出重点、突破难点。

凸轮轴的构造与拆装教学设计 [①]

耿 狄 王 丽

课程名称: 汽车构造

使用教材:《汽车构造》(人民交通出版社)

授课班级: 职高汽车运用与维修专业二年级

授课地点: 汽修实训室

授课课时: 3 课时

一、教学分析

(一)教材分析

本课选自人民交通出版社出版的全国中等职业学校课程改革规划新教材《汽车构造》单元四配气机构中的第二部分——凸轮轴。凸轮轴是发动机中的重要零部件,凸轮轴对一台发动机的动力和运转特性有直接影响。本课既是学习配气机构构造知识的延续和发展,也是学习配气相位的基础。

[①] 本项目获得 2017 年北京市信息化教学能力比赛三等奖。

（二）学情分析

授课对象是中职汽修专业一年级学生，他们对学习发动机构造理论知识的兴趣不高，但信息化水平较高。不过，他们对学习发动机拆装比较感兴趣。

（三）教学目标

知识目标： 掌握凸轮轴的组成、作用及工作原理；掌握凸轮轴的拆装方法。

能力目标： 能制作凸轮轴电子档案；能用正确的方法拆装凸轮轴。

素养目标： 提高合作意识，形成良好的职业素养。

（四）教学重点与难点

教学重点： 凸轮轴电子档案的制作。

教学难点： 凸轮轴的拆装方法。

二、教学策略

由于学生缺乏学习兴趣、基础薄弱，实际工具使用不规范，教师不能给予一对一纠正和辅导，为学生学习增加了一定难度。为此，依托教学平台，本课以凸轮轴电子档案的制作为任务载体，利用发动机拆装模拟软件、微课视频等信息化资源，将教学难点简单化。

三、教学过程

（一）课前准备

课前，学生打开发动机零部件电子档案，复习上次课的学习内容。接着，学生领取本次课的任务——制作凸轮轴电子名片卡。借助平台中的学习资料，进行自主学习，小组初步完成凸轮轴电子档案，教师对学生自主学习情况进行归纳梳理。

设计意图：强化学习汽车构造的基本环节——组成、功用、工作原理、拆装方法。学生自主学习填写问卷，为课上学习做好准备，帮助教师有针对性地开展教学工作。

信息化手段及作用：利用教学平台发布教学资源，打破时空界限，激发学生学习兴趣。教师对凸轮轴电子档案制作结果进行归纳、梳理，结合学生课前测试结果，了解学生的课前学习情况，有针对性地调整教学预设。

（二）课堂教学

环节一　夯实基础（10分钟）

组织学生展示凸轮轴电子档案，并简要点评，学生代表汇报展示凸轮轴电子档案，学生之间互相点评。在制作过程中，发现学生们凸轮轴的拆装方法存在很大问题。

设计意图：师生共同评价，发现学生在自主学习过程中出现的问题，进行有针对性的讨论，突出教学重点。

信息化手段及作用：用分析电子档案的方式，掌握凸轮轴基础知识，以便发现学生在学习凸轮轴时存在的问题。

环节二　模拟练习（40分钟）

初步方案确定之后，直接让学生在发动机台架上进行凸轮轴拆装还为时尚早。学生操作不熟练，容易出现工具使用不规范、操作步骤颠倒、错漏等问题，也会对设备造成难以挽回的损失。为解决这一难题，我们借助发动机拆装教学软件，完善凸轮轴拆装方法。

组织学生使用发动机拆装模拟教学软件，模拟拆装凸轮轴，统计学生模拟拆装成绩。

设计意图：学生探索发动机凸轮轴的拆装方法，避免出现拆装顺序颠倒、错漏等问题，提高学生的实践能力。

信息化手段及作用：能够提高学生的学习兴趣，避免学生破坏设备，自主练习，及时纠错，规范操作，提高教学效率。

环节三　实物拆装（40分钟）

组织学生对发动机凸轮轴实物拆装，利用手机发布凸轮轴拆装微课。学生参照微课，分组对发动机凸轮轴进行拆装。教师巡视各组拆装情况，重点讲解拆装注意事项，学生对实物拆装过程进行评价。

设计意图：由模拟到实践，理实一体，提高动手能力，培养团队协作精神，突破教学难点。

信息化手段及作用：微课的引入，实现了一人一师的目标，让更多学生都能看到演示操作，突破教学难点。

环节四 完善提高（30分钟）

组织学生完善凸轮轴电子档案，并汇报，选出最佳档案。学生完善凸轮轴电子档案，并将制作好的电子档案上传到教学平台，进行自评、互评。

设计意图：记录学生的学习成果，提高学生自信心，突出教学重点。

信息化手段及作用：完善电子档案，有效记录学生的学习成果，学生今后可以方便快捷地找到相应的知识点。

（三）课后拓展

组织学生利用网络搜集凸轮轴实际故障。学生完成拓展案例，搜集发动机凸轮轴会在实车上出现的故障，并将故障案例添加到凸轮轴电子档案中，小组评议，选出最佳案例。

设计意图：知识拓展，从课堂走向实践，提高职业意识。

信息化手段及作用：借助平台实现课下延伸，充分利用网络资源，巩固学习成果。

四、教学特色

本课以学生建立凸轮轴电子档案为任务主线，记录学生学习过程。利用发动机模拟拆装教学软件，有效解决拆装过程不熟悉、操作不规范等难题。借助微课，有效解决传统教学中教师难指导、学生难练习的问题，充分发挥信息化教学优势，突出重点、突破难点，实现教学目标，达到教学效果。

So much to do before we travel!
（Reading & Writing）[1]

曹吉欣

课程名称： 英语

使用教材：《英语》基础模块 2（高等教育出版社）

授课班级： 职高旅游服务与管理专业二年级

授课地点： 教室

授课课时： 1 课时

一、教学内容分析

本课教学内容选自高教版中职国家规划教材《英语（基础模块）2》Unit 7 So much to do before we travel 的第 2 ～ 3 课时阅读与写作部分。本节课为读写课，共需 2 学时。本单元话题系 "人与自我" 主题范围内的 "学习与生活" 主题，单元话题紧扣 "交通旅游" 这一内容。

语言知识： 学生通过学习本课阅读内容能够掌握与旅游相关的语言基础知识，

---

[1] 本项目获得北京市中小学第十三届 "京美杯" 征文一等奖。

如：表达旅行计划的句型（e.g. We'll start the day at ...）。学生通过本课写作实践能够将阅读所学语言知识展开运用并逐渐内化。

语言技能：学生通过阅读文章，能够熟悉应用文语体特征和表达方式，学生通过旅行计划写作加深对日程安排类应用文结构美感的把握。

语言策略：学生能够强化其在略读、扫读过程中的信息获取能力及写作中的知识迁移策略，实现思维美育。

文化知识：在了解旅行安排和活动的过程中，学生可以培养维护国人形象、讲好中国故事的人生态度，树立文明、和谐、爱国、敬业的社会主义核心价值观，强化职业道德，实现以美育人、以文化人的教学目标。

二、学情分析

本节课的授课对象是高一旅游服务与管理专业学生。学生知识储备不足，整体呈现碎片化，对于提取信息、加工信息和输出信息等语言学习技能等，不能熟练应用。大部分学生对英语学习有一定的兴趣，但缺乏自由分享观点的自信。

三、教学目标

（一）教学目标确定

基于对教学内容及学生情况的分析，教师将本节课定位为发展学生人格、情感和艺术的读写课，并培养学生落实习近平主席提出的"各美其美，美人之美，美美与共，天下大同"的文明发展规律和文化相处之道的总体目标。教学目标如下：

知识目标：通过提取关键词和短语获取旅游计划话题信息，举例说明旅行社旅游计划介绍专用语言。如：We will start the day at ... 等。

能力目标：回到文本检测答案，绘制思维导图梳理悉尼两日游计划，并参照阅读部分悉尼两日游计划的结构和文体特征设计一份北京一日游计划。

素养目标：对比中西方游客的旅游活动，列举二者的异同点，认知不同文化"各美其美"的方式。

（二）教学重点、难点

教学重点：悉尼两日游计划的语篇结构和特征；旅游计划中每一天不同时段与目的地、旅行活动之间的逻辑关系。

教学难点：绘制思维导图梳理悉尼两日游计划；设计一份北京一日游计划。

四、教学方法

教法分析：任务型教学法。

学法分析：小组合作和自主探究的学法。

五、教学过程

（一）课前部分

教师上传微课至学习平台，学生观看微课视频，自主学习旅行计划话题词汇。教师上传自主学习任务单，学生完成自主学习任务单，检测自主学习成果。教师根据检测成果，及时捕捉难点，调整教学策略。

设计意图：检测学生利用微课自主学习的学习成果。

（二）课中导学

1.欣赏悉尼介绍视频，感受建筑设计之美

What do you know about Sydney?

What is Sydney famous for?

设计意图：欣赏城市美景和标志性建筑物，调动学生的已有知识，激发学生对美景的憧憬和向往。

2.阅读悉尼旅游计划，分析语篇结构之美

本文语篇属于应用文中的旅行计划，呈现总—分—总的结构，整体上前后呼应，部分左右并列，有对比，有总结。

总：We have a two-day plan for you.

分：Day 1 & Day 2.

总：If you want more information, just visit our website.

设计意图：发现语篇结构之美，体会文章的对称之美和前后呼应之美。

3. 提炼语篇关键信息，描绘思维导图之美

教师搭建思维导图的基础框架，引导学生分析各要素之间的逻辑关系。学生分析旅行计划的语篇类型和特征，例句描述旅行计划使用的语言：

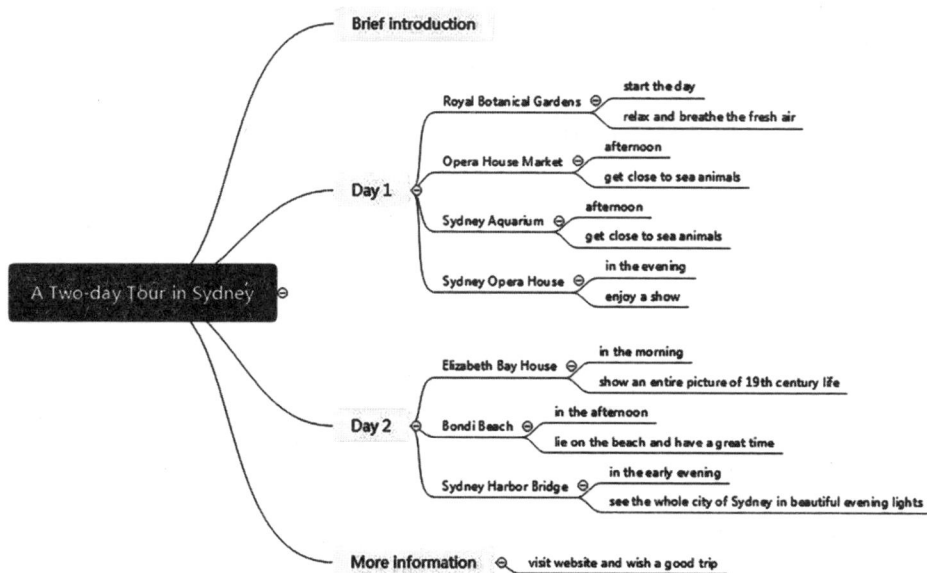

思维导图的基础框架

设计意图：突出教学重点 1，解决语篇类型、语篇结构、语篇语言特点的问题，让学生美化思维，用思维导图梳理语言背后的逻辑之美。

4. 拼图组合细节信息，挖掘异国文化之美

让学生对照原文，利用拼图游戏，将行程日、早中晚、目的地和旅行活动进行匹配，梳理文章细节信息。学生对照原文，利用拼图游戏梳理细节信息，如：Day 1+ Morning + Royal Botanical Gardens + relax and breathe the fresh air

设计意图：突出教学重点 2，内化语篇结构，梳理思维导图基础框架下的细节信息，帮助学生感悟悉尼所反映的异国文化之美。

5. 对比中西旅游文化，培养"美美与共"理念

组织学生复现文章中悉尼两日游的旅行活动，并头脑风暴中西方旅游活动有哪些，二者有何异同？学生以弹幕的方式分享大众的旅行活动，思考中西方旅游差异：

文化知识：中西方旅游城市的特色，西方城市建筑讲究大胆的设计，中国城市建筑设计讲究对称之美。

旅游活动：中西方旅行活动互相借鉴的方面越来越多，如外国游客借鉴中国旅行文化中的民俗体验，中国游客借鉴西方旅行文化中的极限运动等。

文化认同：中西方国家因政体和文化的不同，在新冠疫情来临期间，对旅游业采取不同的管控措施。我们要尊重西方文化，平衡中西方文化共同发展，实现文化"各美其美，美美与共"。

设计意图：拓展学生思维，对比中西方游客的旅游活动，列举二者的共同点和不同点。落实课程思政功能，倡导习近平主席提出的"各美其美，美人之美，美美与共，天下大同"的文明发展规律和文化相处之道。

6. 熟读旅行计划句型，追求语言音韵之美：

教师问题引导：旅行社是用哪些句型介绍悉尼两日游计划和活动安排的？学生分别列出介绍计划的句型和安排活动的句型：

句型比较

介绍计划	安排活动
We'll start the day at ...	an...place to...

设计意图：达成教学目标 1，通过提取旅行社旅游计划介绍专用语言。如：We will start the day at... 等，提升学生的职场语言沟通能力，通过反复诵读和句型操练，提升学生追求语言音韵之美的意识，在诵读的过程中感受语言的魅力。

7. 录制上传计划行程，分享学有所成之美

鼓励学生参考思维导图展开复述练习，分享复述成果，录制复述展示，上传语音或视频至云班课平台。

设计意图：训练学生的语言运用能力和逻辑思维能力，内化旅行计划书的语篇结构和文体特征，实践旅行计划介绍过程，提升专业素养，获得愉悦感和成就感。

8.创作北京一日游计划，传播中华文化之美

引导学生回顾旅行计划思维导图，结合旅行计划日程介绍语言，完成北京一日游计划的写作任务。根据图片和提示语，实践创作北京一日游计划写作作品。

设计意图：提升学生语言书面输出技能，简单描述北京一日游计划。传播北京人文精神和传承中华文化底蕴。

（三）课后拓展

解决疫情旅游瓶颈，打造工匠精神之美。

教师布置任务：将北京一日游作品进行修改，并完成电子版北京云游计划，形成可视化作品。

设计意图：结合专业，迁移知识，设计北京线上云游计划，提升学生专业素养，培养其追求卓越的工匠精神。

六、教学评价

（一）深入浅出，活动导向

本节课开展多样的教学活动，学生在活动中逐步明确了旅行计划的语篇结构、行文特点、语言知识、逻辑关系和文化理解。学生从整体到细节依次梳理了文章主次信息，并用思维导图进行梳理，逐步培养了自主学习策略和知识迁移能力，结合专业知识为职业素养的提升助一臂之力。

（二）课程思政，立德树人

各个教学环节融入建筑设计之美、语篇结构之美、思维导图之美、异国文化之美、美美与共理念、语言音韵之美、学有所成之美、中华文化之美、工匠精神之美，在中西方旅游城市特色的对比中和旅游活动的对比中，学生养成了尊重西方文化、增强本族文化自信的意识，达成了习近平主席提出的世界文明"各美其美，美人之美，美美与共，天下大同"的思政教育目标。

感知自动驾驶

——智能车寻迹、避障功能初探[①]

耿　狄　李英玉　王丁丁　李国富

课程名称: 汽车电工电子

使用教材:《汽车电工电子基础》(中国劳动和社会保障出版社)

授课班级: 职高汽车运用与维修专业二年级

授课地点: 汽修实训室

授课课时: 16课时

一、整体教学设计

(一)秉承并贯彻全面育人教育理念

坚持以立德树人为根本任务,培养德、智、体、美、劳全面发展,身心健康,具有与本专业相匹配的文化水平,职业道德良好,掌握专业基本知识、基本技能,具有较强的实际工作能力,了解相关企业生产过程和组织状况的汽车使用与维修专业人员情况。

[①]　本项目获2021年北京市技能大赛教师教学能力比赛三等奖。

当前汽车行业加速转型进入智能网联的新时代，传统汽修行业薪酬低、劳动强度大、吸引力低。而在智能网联时代，汽车行业急需跨学科背景的复合型人才。这对专业课教学提出了新的挑战。本专业全体教师符合双师型教师要求，是一支高素质的师资队伍；将思想道德教育、文化知识教育、社会实践教育融入教学各个环节，深化"课程思政"建设。结合课程特点有机融入劳动教育内容，弘扬劳动精神、劳模精神、工匠精神。始终坚持贯彻我校汽修专业"德以修身，技以立业"的理念，并在布置有相应主题的智能网联汽车实训室进行教学，以培养适应我国政治经济发展的高素质汽车维修专业人才。

A 名称	B 主要内容	C 具体内容				D 践行方式	E 价值体现	对应本项目的活动
劳模精神	爱岗敬业：本分	1.热爱岗位	2.敬畏岗位	3.钻研业务		学习榜样、认识自己、坚定信念、合作共赢、自信自强	实现中华民族伟大复兴的中国梦、践行社会主义核心价值观、展现工人阶级伟大品格	任务分工
	争创一流：追求	1.一流的标准	2.一流的态度	3.一流的习惯				比赛
	艰苦奋斗：作风	1.艰苦	2.奋斗	3.勤俭				绘图、调试
	勇于创新：使命	1.创新意识	2.创新思维	3.创新勇气	4.创新责任			课前自主学习；制订计划
	淡泊名利：境界							任务分工
	甘于奉献：修为							制订计划
劳动精神	崇尚劳动					从小事做起、心中有梦想、勤于思考、热爱劳动	政治价值、经济和社会价值、教育价值	绘图、焊接、调试
	热爱劳动							绘图、焊接、调试
	辛勤劳动							绘图、焊接、调试
	诚实劳动							课前自主学习
工匠精神	执着专注	1.执着态度	2.专注程度			兴趣浓厚、理想远大、信念坚定、勇担责任、态度积极、习惯良好	强国价值、强企价值、育人价值	导入、绘图、焊接、调试
	精益求精	1.更高的追求	2.更高的标准	3.更好的自己				导入、拓展
	一丝不苟	1.认真细致的工作态度	2."严"的工作精神					导入、课前自主学习、调试
	追求卓越	1.崇尚使命	2.自我超越	3.关注细节				制订计划；总结评价、比赛

本项目各活动中融入的思政元素

（二）岗课赛证融合，重塑课程结构

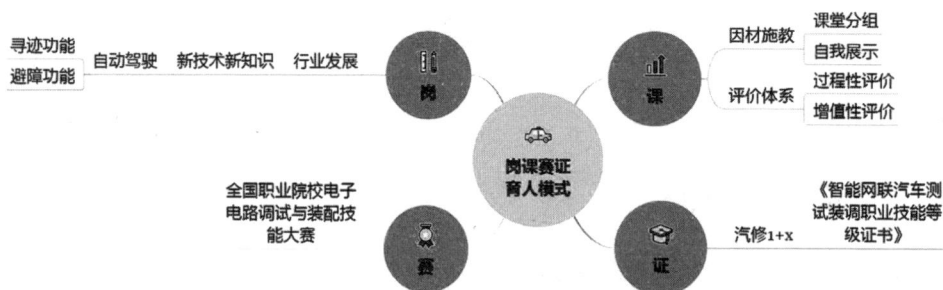

本项目对"岗课赛证"融合育人模式的探索

为适应不断变化的需求，通过对企业和行业内专家对汽车行业人才需求的调研，新汽车人才需要具备与时俱进、不断进取、拥抱变化、勇于创新的综合素质，需要不断提高独立工作能力、灵活应变能力、人际沟通能力、环境适应能力、分析判断能力、工作创新能力、系统思维能力、统筹协调能力、组织管理能力、主动学习能力，具有扎实的基础知识、宽广的视野和强大的跨界思维能力。

结合全国职业院校电子电路调试与装配技能大赛和汽修专业 1+X《智能网联汽车测试装调职业技能等级证书》中的要求，修改完善汽修专业人才培养方案，以适应汽车行业快速发展的新局面。同时，与我校 3+2 对接学校进行课程整体设计，为学生今后的发展奠定基础。在原有《汽车电工电子基础》课程的基础上，重塑课程结构。

（三）顺应技术趋势，创新教学内容

人类正在加速进入智能网联时代，汽车是先行者和相关技术应用的最大载体。2021 年初春，国务院印发《国家综合立体交通网规划纲要》，特别提出：推进智能网联汽车（智能汽车、自动驾驶、车路协同）应用，推动智能网联汽车与智慧城市协同发展。

为顺应汽车行业的创新发展，团队将自动驾驶技术引入教学，以智能车的制作为载体，以智能车比赛这一学生感兴趣的内容为着力点，设计"感知自动驾驶——智能车寻迹、避障功能初探"项目，将原有知识体系融入智能车元件认知、测量、电路图的绘制、PCB 的焊接、智能车的调试与比赛等任务中，进行大胆的创新。

（四）深入学情分析，落实因材施教

1. 学情分析

学生已有知识和能力分析，见下表：

学生已有知识和能力情况表

序号	名称	平均分
1	识读简单的印制电路图	6.50
2	用万用表测量直流电流和直流电压	7.25
3	判断二极管的极性和好坏	6.88
4	测量三极管	7.06
5	能够分析简单电路的电阻串、并联特点	7.25
6	对照实物说出不同类型的电容、电阻元件	8.31
7	熟练完成电子元器件的焊接	7.06
8	利用 AD 软件进行电路图的绘制	6.19

续表

序号	名称	平均分
9	安装工具的规范使用	7.13
10	使用思维导图，梳理知识点	6.44
11	利用互联网查阅资料，信息收集的能力	7.38
12	小组合作，探究学习的能力	6.25
13	交流展示，语言表达的能力	5.63

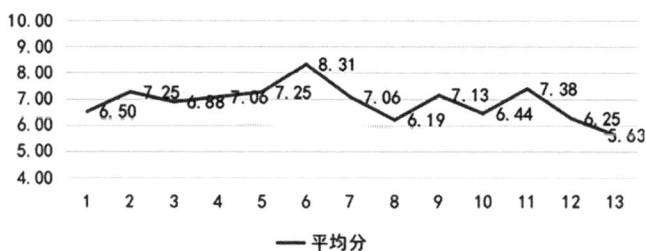

学生已有知识和能力情况表

（1）知识和技能基础

授课对象为中职 2020 级汽修专业学生，共 16 名男生，所有学生在初中学习过物理中电学的基础知识，但中考参加物理考试的只有 9 人，且平均分仅为 67.8，另外 7 人没有参加物理考试，可以看出学生的物理基础相对薄弱。经过一学期的专业课学习和课外活动集中练习，学生可以做到基本掌握工具设备的使用方法。

（2）认知和实践能力

学生在日常的学习与生活中已掌握利用信息技术手段进行文献查阅的方法。熟练掌握各类常用的软件，如 word、ppt，熟练使用蓝墨云班课平台进行自主学习，能够利用 AD 软件绘制电路图，利用问卷星进行评价。经过疫情期间居家学习的方式，学生习惯了线上线下混合的教学模式。此外，在常规文化课的学习中，学生已经接触到了思维导图这一辅助学习的方法，并能初步绘制思维导图。

虽然在课堂教学中经常用到小组合作的方法，但实效性有待进一步提高，存在学生合作意识不强、分工不明确的问题。

（3）学习特点

利用班级优化大师，为每位学生成长创建学习档案，记录学习过程，分析每位学生的特点和发展潜力，因材施教。

2.教学目标

基于教学内容和学情，制定本项目的教学目标为：通过"感知自动驾驶——智能车寻迹、避障功能初探"项目学习，学生准确绘制电子电路电路图，规范测量、焊接、装配、调试电路；通过小组探究完成智能车寻迹、避障工作任务，提升人际沟通能力、分析问题、解决问题、灵活应变的综合职业能力和规范操作、安全意识、工作创新等职业素养，逐步树立爱岗敬业、争创一流的劳模精神和精益求精、一丝不苟的工匠精神。

（五）梳理教学过程，调整教学策略

在全面分析教学内容和学情的基础上，我们运用项目教学法来设计教学环节，根据项目中不同任务的具体教学要求，探索后疫情时代线上线下混合教学模式探索，制定了如下表的教学流程。

本项目教学流程

教学环节	项目三 感知自动驾驶——智能车寻迹、避障功能初探					
	任务1自动驾驶 基础知识（2课时）	任务2 智能车的制作				任务3 智能车的调试与比赛（4课时）
		任务2.1 智能车元件认知与测量（2课时）	任务2.2 智能车控制电路电路图的绘制（4课时）	任务2.3 智能车控制电路板的焊接（2课时）	任务2.4 智能车的组装（2课时）	
课前	课前自主学习任务单					
课中	2.乘坐体验，感知任务	1.情景导入，引出任务				
		2.回顾课前，明确任务				
		3.制定计划，分析任务				
		4.分工合作，实施任务				
		5.总结分享，评价任务				5.激烈比赛，升华任务
		6.引发思考，延伸任务				
课后	课后探究，拓展任务					

二、教学实施过程

基于以上整体设计，我们团队设计完成"感知自动驾驶——智能车寻迹、避障功能初探"项目。结合立德树人的根本任务，改革评价体系，自主开发活页式学习手册，利用微课引导学生自主探究，通过项目教学的方式，全面提升教学质量，以适应岗位需求的变化。

项目共分为三个任务，其中任务2分为四个子任务。在实际教学中，每次课均为4课时。在各个任务的课上教学中，以任务驱动法设计教学环节，遵循创设情景，引出任务；课前回顾，明确任务；制定计划，分析任务；分工合作，实施任务；总结分享，评价任务；引发思考，拓展任务等环节要求，在任务1中增设乘坐体验，感知任务，任务3中增设激烈比赛、升华任务等环节，充分体现"以学生为主体，教师为主导"的理念，践行"三有"课堂。

课前，学生有一周的时间进行自主学习，学习内容涵盖文章、音频、视频等多种资源，便于学生根据自己的特点进行选择。教师及时查看学生课前的学习成果，及时调整教学策略：课下单独辅导个别问题，课上解决普遍问题。

课上，在课堂公约的引领下，营造自主学习，小组探究的学习环境，建立课堂文化。每日晨会强化专业特色，鱼缸会议启发学生思维，庆祝环节鼓励学生点滴进步，画廊漫步反馈学习过程，直播演示强化规范操作。

课后，布置拓展任务。在巩固前序课程知识的同时，为有余力的学生搭建成长的阶梯。

下面简要介绍每次课的教学内容。

第1次课（1～4课时）

第1次课，学生需要学习自动驾驶的基础知识，认知并测量智能车的电路元件。

任务1　自动驾驶基础知识

首先以自动驾驶这一新技术为切入点，带领学生进行乘坐体验，在感知自动驾驶的基础上，探究自动驾驶的基础知识，利用思维导图进行总结，提炼出寻迹、避障两项对自动驾驶汽车的要求，进而引出本项目最终要呈现的作品——智能车。视频1中展示了学生进行自动驾驶体验的过程。

任务2.1　智能车元件认知与测量

第3～4课时，学生自主探究智能车的元件，在识别的基础上与符号相对应，并对其好坏进行判断。通过课前、课中、课后递进式的问题，以劳模案例为指引，采用互检、直播等形式，提升学生对元件的认知水平，强调测量操作的规范性。

第 2 次课（5～8 课时）

任务 2.2 智能车控制电路电路图的绘制

在元件认知的基础上，绘制智能车控制电路，采用 XMind 软件绘制流程图解决课前工作原理学习时遗留的问题，在绘图时，将电路图按照不同功能进行分解，降低绘图难度，采用互检、画廊漫步等形式，提升学生对电路图的认知水平。视频 2 中体现了学生绘制电路图的过程。

第 3 次课（9～12 课时）

第 3 次课，学生需要完成电路板的焊接和智能车的组装。

任务 2.3 智能车控制电路板的焊接

引导学生自主探究智能车控制电路板的焊接，掌握焊接方法，明确焊接的注意事项，采用互检、直播等形式，检查焊接质量，提升学生规范焊接的职业意识。视频 3 体现了学生焊接 PCB 电路板的过程。

任务 2.4 智能车的组装

在 PCB 焊接的基础上，对智能车的机械部分进行安装，安装过程中如果不按序进行，零件之间可能会相互影响，事倍功半。以大国工匠案例为指引，采用自主探究、互检等形式，提升操作的规范性，逐步引导学生践行精益求精、一丝不苟的工匠精神。

第 4 次课（13～16 课时）

任务 3 智能车的调试与比赛

通过智能车的调试与比赛，掌握调试方法，从学生感兴趣的竞赛出发，充分调动学生课堂参与度，树立竞争意识和一丝不苟的工匠精神。视频 4 中体现了学生调试智能车的过程。

学生进行智能车的调试

三、学生学习效果

（一）学生整体学习兴趣提高

本项目在自动驾驶这一新技术的趋势下，学生自主探索智能车的寻迹、避障功能，比赛增强了学生的获得感和自豪感。

在自主学习任务单的指引下，学生了解任务方向，掌握教学内容。通过课前教学资源的自主学习、思维导图梳理知识、微课及动画资源，掌握基础知识；通过直播演示和自检互检等方式，强化操作方法及规范性；通过信息化手段的帮助，形成过程性评价，探索增值性评价，不断提升学生的学习效果。本项目的三个任务完成后，学生在不同维度的关键能力评价都有不同程度的提升。

在项目完成后学生的分享中，可以看出孩子们的喜悦与收获，学生们普遍提到，收获了很多之前书本上学不到的知识。可见这种教学方法与新技术结合，与学生基础水平相适应，充分激发了学生的学习兴趣。

（二）学生综合能力提升

在"岗课赛证"的育人模式下，提炼出以下面 10 个维度对每位学生学习效果进行具体分析：自主学习能力、组织管理能力、统筹协调能力、系统思维能力、工作创新能力、分析判断能力、环境适应能力、人际沟通能力、灵活应变能力、独立工作能力等。

经过本项目的学习，学生在以上 10 个维度上均有提升。其中自主学习能力、系统思维能力、分析判断能力、人际沟通能力和独立工作能力提升较大，都超过了 10%；在组织管理能力、统筹协调能力、工作创新能力和环境适应能力上提高了4% ～ 8% 不等；在灵活应变能力上提高了 2%。因此，在后续课程上还应思考如何通过形式多样的活动，全面提升学生的综合素质。

四、反思改进措施

（一）特色创新

1. 改革评价体系，开发活页手册，贯彻因材施教

运用信息化手段，记录学生在整个教学过程的行为，形成过程性评价。在层层递进的任务中，分析学生的成长轨迹和潜力，贯彻因材施教的教育理念。同时开发活页式工作手册，满足学生职业发展需求，依照工作顺序和自主学习要求，进行教学设计，安排教学活动，实现理实教学的有机融合。

2. 挖掘思政元素，探寻专业课思政体系

结合汽修专业的特点，以劳模精神、劳动精神、工匠精神为导向，对教学内容进行深入剖析，深度挖掘教学环节中的思政点，逐步形成思政体系。学生以行业内的劳模、大国工匠为榜样，通过自主学习、合作探究的过程，逐步树立爱岗敬业、勇于创新、争创一流的劳模精神，崇尚劳动、热爱劳动的劳动精神，执着专注、精益求精、一丝不苟、追求卓越的工匠精神。

3. 自检互检直播，践行岗位需求

将汽车行业中自检、互检的环节引入课堂，结合教师和小组代表的直播演示，用企业标准规范学生的操作，避免传统教学中对多个小组重复演示，提高实效性，提升职业素养。

（二）存在问题

受课时影响，在进行项目教学的过程中，不得不将项目拆分成一个个子任务，对学生自主探究过程产生一定的影响。

（三）改进措施

继续对专业人才培养方案进行修订，依照教学特点和时间要求，重构专业课程体系，进一步激发学生学习的主动性，提升教学效果。

Unit 5 It's time to change[①]

王敏娜 曹吉欣 刘 芹 高爱花

课程名称：英语

使用教材：《英语基础模块 2》（高等教育出版社）

授课班级：高二旅游服务与管理

授课地点：302 教室

授课课时：1 课时

一、教学内容分析

突如其来的新冠肺炎是一场灾难，人们的生活被打乱，教育也受到了很大冲击。但抗疫战斗也给我们带来了宝贵的精神财富，使我们认识到生命健康的可贵，习近平总书记在全国教育大会上再次提出"健康第一"的号召，具有很强的针对性。健康关系到少年儿童的成长，关系到民族的未来。今天青少年出现的近视、肥胖等诸多健康问题，值得我们关注。目前"健康"话题较为重要，也是教育部新颁布的《中等职业学校英语课程标准》中"人与自我"子话题中的重要话题。由于新冠肺炎疫

---

① 本项目获得 2020 年北京市教学能力大赛三等奖，2020 年北京市京郊联盟说课大赛一等奖。

情，学生居家在线学习，缺少老师和学校的监督，便会相对不自律。本课旨在通过健康话题，让学生全面理解健康的重要性，遵循正确的健康指导，摒弃不健康的生活习惯，让身心获得健康。学生运用阅读策略，在教师引导下，观察、分析及对比阅读，梳理提炼语言，仿照文体结构，以读促写，结合自身经历，用英语写故事，为日后练习健康护理等专业课奠定了基础。

本读写课选自国家规划教材《英语（基础模块 2）》的第五单元 Unit 5 It's time to change 的第二节，1 课时 45 分钟，主题为"人与自我"下的子主题"生活与学习之健康护理"，是记叙文。本文从 Sara 和 Allen 两个人的视角，自述通过加入健身俱乐部，听取健康指导意见后，坚持改变并成功减重，重获健康的故事。课文按照时间顺序描写，通过改变前、改变中、改变后三个阶段的自述，描写了两位主人公自身身心健康状况转变的原因、经过和结果，以及意识到身体处于危险状态之后，依然坚持健康生活的积极生活态度。本课是学习之后课程的基础，为我们提供"预防为先"的警示。发现亚健康状况，需要立刻做出改变，保持健康。

二、学情分析

授课对象：旅游服务与管理专业二年级学生。

（一）学生已有知识与技能分析

初步掌握谈论个人喜好的词和短语，能使用 I like... 和 I love... 句型谈论个人兴趣爱好，但阐述不清保持健康生活习惯的原因和建议。

（二）学生学习能力和学习风格分析

初步了解学前儿童健康教育等基本知识，具有幼儿文学作品的阅读、分析、欣赏与评价的能力，但尚不能用英语去讲述改进健康习惯的故事。

（三）学习本任务可能面对的困难与问题

缺乏自律，英语写作能力薄弱。

三、教学目标

（一）教学目标确定

知识目标：初步掌握描述健康状况及习惯的 9 个词汇及短语，如 get enough sleep, do more exercise，eat less, sleep less, stay up...

能力目标：能在读懂叙述健身经历故事的基础上，结合自身经历写出改进健康习惯的故事。

素质目标：在国际视野及新冠肺炎疫情背景下，通过切身写作实践和文本对话，全面理解健康生活概念，养成健康生活习惯；通过疫情引发对健康的关注和探讨，让学生能够站在国际视野全面理解健康，讲好中国故事，树立个人自信、民族自信和国家自信。

（二）教学重点、难点

教学重点：掌握描述健康状况及习惯的 9 个词汇及短语，如 get enough sleep, do more exercise, eat less, sleep less, stay up 等。

教学难点：阅读并理解所学词汇、语法和故事结构，写出改进健康习惯建议的小故事。

四、教学方法

（一）教法分析

根据学生特点采用任务教学法，运用英语学习活动观理论，创设任务情境，准备并完成任务，在体验任务中进行个性化以读促写教学，突出重点、攻破难点，借助信息化手段助力任务完成的各个阶段，协助教师高效地实现教学目标。

（二）学法分析

本课学生采用自主学习、合作探究的学法。利用信息化技术、ismart 同步课堂教学软件、flash 微课等整合课前资源、测试学情，实现学生自主在线学习；雨课堂的弹幕、图片和视频的投稿功能将任务的情境可视化、形象化，有助于学生全情投入课堂。通过雨课堂云统计进行数据化的词频分析，总结优点、发现问题，对症下药；有道词典、批改网助力学生高效完成写作任务，节约课堂时间，提高课堂效率。

五、教学过程

（一）课前预学

1. 微课导学、课前测试

学生利用手机端登录 ismart 平台，借助平台的微课资源（了解健康生活习惯的相关知识），自主学习并完成课前测试题。

2. 问卷调查，健康打卡

问卷调查。教师在微信雨课堂发布一个调查问卷，调查学生在疫情期间的生活习惯是否健康。

健康打卡 7 日行动计划。学生填写调查问卷，找出自己的不健康生活方式，如长时间看手机、晚睡晚起作息不规律、不健康饮食等，找出其中一项发到班级微信群，订 7 日改变需达成的目标，并进行群内健康打卡。

3. 小组分层，中西合璧

教师根据课前检测的数据和学生课堂量化成绩电子档案，在雨课堂分层设组，异质分组，便于学生学习方法共享，能够互相激励。教师在微信群发布任务，通过互联网，自主搜集中西方在健康生活习惯、健身、养生等方面有哪些异同点。

设计意图：不仅培养学生课前自主学习的能力，使学生自主了解本单元文本主题"健康护理"，教师也通过信息化平台统计的数据，充分了解学情，方便及时根据学情调整教学策略和重点，使其更精准。制定健康打卡，记录个人健康 7 日，方便自我、生生、师生互助监督。

（二）课中精学

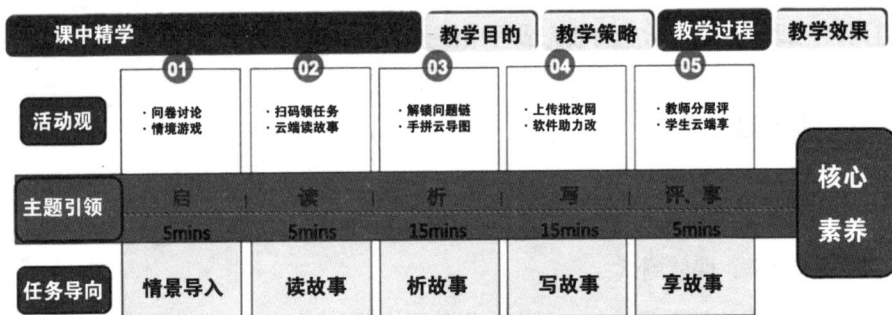

课中精学流程

1.启（情景导入，5分钟）

学生扫码登录雨课堂，对案例进行弹幕抢答。头脑风暴（brainstorm）问卷调查生活方式的结果，就其中高居榜首的"疫情期间长时间看手机"作为话题进行开放性讨论（open discussion）。

设计意图：通过实际情景案例以及实时弹幕互动，吸引学生注意力，引出学生对于自身健康习惯和不健康生活习惯的探讨，顺利进入主题。

2.读（读故事，5分钟）

学生扫码领取助教 Alice 的课堂任务单，根据任务单提示，层层学习。任务 1，打开 ismart 运用阅读技能，带着老师在雨课堂发布的问题："What does the passage mainly talk about?"云端读故事。并雨课堂了解投稿故事大意。

设计意图：通过文章中标题、副标题、图标、图片及解释等略读和扫读的技能，使学生对文章有初步的认识，培养学生观察能力，落实素养目标。带着问题读故事，并通过雨课堂投稿，将答案可视化，因材施教，及时做出教学调整，并对阅读策略做进一步引导，有利于进行个人量化的积分统计。

3.析（析故事，15分钟）

[解锁问题链]

小组合作，再读 Sara 的故事，学生根据任务单中的任务 2，解锁关于 Sara 故事的问题链，小组讨论分析 Sara 故事的梗概和寻找问题的答案词条，并将手拼答案的词条通过投稿形式上传并进行口语的问题解答。通过此步骤，学生梳理了故事的语言和表达。

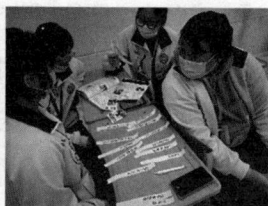

手拼答案词条

[手拼云导图]

领取任务单中的任务3，再读Allen的故事，根据小组智慧的结晶，运用单词条拼出Allen的故事导图，微信录制1分钟语音设计思路，并通过雨课堂投稿到云平台，组间互评，教师打分。通过此步骤，学生梳理了故事的结构和脉络。

设计意图：通过小组合作阅读，讨论Allen做出改变的前因后果，不仅能快速识别关于健康和不健康的词汇和短语，还能够把故事的语言和结构通过导图的形式表达出来，体会文章的内涵，实现学生的情感素养目标。

4.写（写故事，15分钟）

领取任务单中的任务4，根据手拼单词条、故事的结构框架图、逻辑词和写作标准，结合健康打卡行动给自身带来的变化进行个性化写作。学生将手写的作品通过有道词典拍照，扫描转换成电子文档，并复制粘贴到批改网提交批改。

5.评、享（享故事，5分钟）

学生根据批改网上的按句批改功能，自主查询、自主修改，最终提交后，在批改网获得最终得分。教师通过后台检测，分析评价共同问题。并在此基础上，分层筛选出典型文章，做分析与点评，并集体分享佳作。

设计意图：从制定标准，到根据标准的个性化写作，从自评、生生互评到师生分层总评，在信息化软件中高效地实现了写作及评判。通过制定标准，让学生能够懂得凡事都有规范的道理，学会按照规范来做事和评判事物，更加公平公正，对学生思政教育的培养有很大的作用。

（三）课后固学

[英文海报] 微信雨课堂推送课后作业：借助学校微信公众号，以"介绍健康生活方式"为主题绘制英文海报。学生平台接收任务，以小组形式上传到班级微信群。按照海报评价标准，在问卷星中进行生生和师生互评，并在班级内部展开评比，将前十名的优质海报投送到校级公众号进行健康宣传。

设计意图：学以致用，绘制海报。一方面发挥学前教育专业绘画和美术的功底，另一方面借助微信公众号进行宣传，让学生更能认识和理解健康生活习惯，突出其重要性。

[学生反馈] 课后，教师在微信群发布课后反馈的匿名调查问卷，教师收集学生的反馈。

六、教学效果

1.立德树人，学科育人

本课结合新冠疫情和实际生活中出现的健康问题，让学生交流和讨论"改变不良生活习惯带给我们的益处"这个话题，并将自己的故事仿照阅读文本故事的记叙方式进行记叙文写作，仿的是文章结构，写的是自己的故事，体现了学生在"学中做""做中学"的理念，让学生深切体会健康的重要性和全面性，即不仅仅身体健康较为重要，心态也同样重要。通过本课中英语学习活动观的运用，学生体验到自由控制自身生活的感受，逐渐感受到自律带给自身的变化，在充分激发兴趣的同时，也有效达成了教学目标。

2.信息技术助力高效课堂

ismart、雨课堂、有道词典、批改网、微信群等信息技术的全程使用，助力教师完成教学目标，攻破重、难点，便于教师全过程数据收集，提高课堂效率，激发学生的学习兴趣。

3.教、学、评一体化

以目标为导向，指向学科核心素养的培养；学生在教师的指导下，通过读故事、写故事、享故事的语言实践活动，将学科知识与技能转化为自身的学科核心素养；

教师依据教学目标确定评价内容和评价标准，组织和引导学生完成以写作评价标准为导向的多种评价活动，以此了解学生的学习过程，检测教学效果，实现以评促学、以评促教。

居家健康劳动教育、创意拼图、绘制英文健康海报，充分发挥学生的主观能动性，加深学生对美的感受，让学生放下手机，热爱专业，健康生活。

培养学生的爱国情怀。学生通过写作，表达自己对健康生活方式重要性的认识。同学们用英语写好中国故事，树立中国自信，为防疫做出自己的一份贡献和力量。

在灿烂阳光下，向美而生

——现代诗歌初探 [①]

郭慧芳　王　杉　于迎涛　柴　璐

课程名称：在灿烂阳光下，向美而生——现代诗歌初探

教　　材：《语文》高等教育出版社

授课班级：学前教育专业一年级一班

授课地点：多媒体教室

授课课时：1 课时

一、教学内容分析

本节课授课内容是"现代诗歌鉴赏"，旨在引领学生系统地了解现代诗出现的时间、特点及现代诗歌主要流派、创作风格和代表作品；意在让学生感受现代诗歌的魅力的同时，激发学生学习兴趣，并为本单元通过阅读、发现、感受现代诗歌这种文学样式的优美，提升审美境界，为提高语言文化鉴别能力做准备。

---

① 　该项目获得 2021 年北京市教学能力大赛三等奖。

二、学情分析

本节课授课对象为学前教育专业 20 级 1 班，通过课前测试和调研，根据学情数据分析，情况如下：

（一）**知识基础**：学生对现代诗比较陌生，60% 以上的学生对现代诗出现的背景、特点比较模糊；80% 左右的学生对现代诗主要流派、创作风格和代表作品缺乏知识积累；学生整体缺乏现代诗鉴赏系统知识。

（二）**认知能力**：学习缺乏自主性，对教师依赖性强，85% 的学生认为自觉学习是一件困难的事；缺乏理性分析能力，对事物的感知基本凭个人好恶，90% 的学生对新颖、富有变化、有趣味性的东西感兴趣。

（三）**学习特点**：学生喜欢通过电子产品、网络等完成学习任务；由于学生来源较广，学生之间存在较大的个体差异；学生中学时代几乎没有与他人合作完成任务的意识和经验；超过 50% 的学生缺少明确的学习目标，对现代诗学习缺乏兴趣，没有养成良好的学习习惯。

（四）**专业特性**：学前教育专业对学生自身素养要求较高，不仅要求学生具有一定的知识，还要求有较高的思想政治素养、健康的心理素质、良好的表达交流能力和高度的事业心和责任感。

三、教学目标

（一）教学目标确定

知识目标：初步了解现代诗出现的时间和特点；学习现代诗歌主要流派、作品风格及代表作品。

能力目标：学生初步具有感受、欣赏现代诗歌流派代表作品的创作风格的能力。

情感目标：初步感受现代诗歌的内涵与魅力。

（二）教学重点、难点

教学重点： 掌握现代诗歌主要流派、创作风格和代表作品。

教学难点： 结合时代背景深入理解现代诗歌流派产生的原因及其代表作品。

四、教学方法

教法分析： 混合式教学法。

学法分析： 自主学习、合作探究。

五、教学过程

（一）课前部分

1.教师提前上传资料，内容涉及现代诗出现时间、特点及现代诗歌主要流派、创作风格、代表作品。

设计意图：引导学生初步系统了解现代诗歌相关知识，为实现知识目标、能力目标，奠定基础，突破教学重点，完成情感目标。

2.教师发布任务，学生分组合作，填写学习任务单上关于现代诗歌的相对应的内容。

设计意图：引导学生合作学习，深入掌握学习任务单上关于现代诗歌的相关内容，进一步为实现知识目标，突破教学重点奠定基础。

3.追踪情况，汇总信息，课前诊断，安排合理教学策略。

设计意图：将线上学习与传统课堂有效互补，提高学生的学习兴趣。充分了解学情，及时调整教学策略，有助于提高教学质量。

（二）课上部分

1.视频导入

播放现代诗诵读片段，导入新课内容。

设计意图：通过视频导入，引导学生在欣赏的过程中感受现代诗歌的魅力，激发学生学习兴趣，以便更好地实现情感目标。

2. 解读流派

组织学生通过 UMU 互动学习平台拍照上传功能进行小组成果分享展示，共同欣赏初期白话诗派和自由诗派、新月诗派、左联诗派、朦胧诗派的代表作品，以及台湾诗人和新生代时期代表作家及部分代表作品。

设计意图：引领学生了解并掌握初期白话诗派和自由诗派作家生平、代表作品、诗歌流派、创作风格，逐步实现知识目标、情感目标，突破教学重点。

3. 拓展答疑

为学生答疑解惑，并根据学生需求，调整教学内容，延伸拓展疑难点。

设计意图：答疑解惑，拓展延伸，突破教学难点。

4. 答题游戏

组织学生通过希沃白板小游戏"连连看""谁是我的菜"完成课堂知识检测。

设计意图：检测学生对现代诗歌流派相关知识及主要现代诗歌流派代表作的掌握情况，巩固教学重点、难点，实现能力目标。

5. 评价总结

组织学生依据课前、课中、课后三个阶段学生的表现，投票选出最佳小组和个人，并对教学效果进行评价。鼓励学生以优秀的学生为榜样。

设计意图：将评价结果反馈给课堂教学，帮助教师形成清晰、正确的结论并及时调整教学策略。

引导学生回顾、总结本节课学习内容。

设计意图：引导学生系统掌握现代诗歌主要流派、创作风格和代表作品。

6. 布置作业

背诵 1～2 篇现代诗歌作品。

设计意图：引领学生进一步落实教学目标，感受现代诗歌魅力并做文学积累。

（三）课后拓展

教师依据雨课堂数据，分析学生作业情况；组织学生在美篇 App 上传成长记录袋素材；在雨课堂平台布置下节课的学习任务，上传相关资料。

设计意图：依托线上平台和软件工具，深度了解学生学习情况，根据学生反映的问题，及时调整教学策略。记录并评价学生学习情况，发挥成长记录袋的激励功能、评价功能、教育功能，以期每个学生都找到适合自己的发展路径。

六、教学评价

（一）教学亮点

本节课的成功之处在于，借助学生的课前相关知识搜集、课堂展示汇报和课堂检测，引领学生了解现代诗出现时间、内容、特点及现代诗歌主要流派、创作风格、代表作品，让学生更加期待诗歌单元的学习。

（二）不足与改进

没有指导学生鉴赏诗歌的具体方法，学生不能深刻认识到诗歌之美。应以课本诗歌内容为载体，通过阅读和欣赏作品，逐步培养学生对现代诗歌的鉴赏能力，提升学生发现诗歌之美、感受诗歌之美、创造诗歌之美、评价诗歌之美的能力。

我的社团我做主

——钢笔工具在 logo 设计中的应用 [①]

李 璐 赵海宏 黄 倩

课程名称： Photoshop 图形图像处理

教　　材：《中文版 Photoshop CS6 平面设计实例教程》（人民邮电出版社）

授课班级： 职高数字媒体技术与应用专业二年级一班

授课地点： 多媒体教室

授课课时： 1 课时

一、教学内容分析

本课教材选自人民邮电出版社的《中文版 Photoshop CS6 平面设计实例教程》，作为教材第一章平面设计基础与 Photoshop 入门中的内容，是基础中的基础，也是数字媒体应用技术专业开设的专业必修课，为学生后期进行图形图像的处理提供技术支持。根据教学大纲的要求，图层、路径、通道、蒙版和滤镜是学生必须掌握的知识点。通过学习 Photoshop 三大面板之一"路径"面板及钢笔工具，让学生熟练使用

[①] 本项目获得 2019 年北京市京郊联盟说课大赛二等奖。

钢笔工具，能够运用钢笔工具绘制图形图像，为自主创作打基础。

二、学情分析

授课对象： 数字媒体专业二年级的学生。

专业知识： 通过前期的学习，学生已经了解路径的相关概念和钢笔工具的基本使用方法，能够运用钢笔工具绘制完整的图形图像。

专业能力： 具备一定的图像绘制能力，但绘制的图像较为粗糙，在柔美曲线图像的创作中较为生硬。

情感态度： 对实践性知识怀有浓厚的兴趣，能积极参与实操练习，善于观察，喜欢动手实践。

三、教学目标

（一）教学目标

知识目标： 掌握钢笔工具绘制不同类型路径（直线路径、曲线路径）的方法；运用钢笔工具绘制社团 logo。

能力目标： 能够运用钢笔工具绘制实例图像；能够运用 logo 设计方法，利用钢笔工具完成社团 logo 的制作。

情感目标： 在 logo 设计中鼓励学生学以致用并勇于尝试，体验创作的喜悦与成就，激发学生的创新意识；在自主学习与创作的过程中鼓励学生主动去沟通交流，培养团队合作精神。

（二）教学重点、难点

教学重点： 掌握运用钢笔工具绘制不同类型路径（直线路径、曲线路径）的方法。

教学难点： 运用 logo 设计的方法与技巧，利用钢笔工具完成社团 logo 的设计与制作，从而满足客户需求。

四、教学方法

（一）教法分析

任务驱动教学法：通过任务准备、导入、分析、实施和评价各环节，引导学生自主探索和互动学习，层层突破重、难点。

案例分析教学法：把被动式学习变成主动式学习，引导学生分析、发现标志设计的组成部分，有效提高学习积极性，突破难点。

（二）学法分析

小组合作学习法：通过主动探究、合作学习，让学生成为课堂的主角，使学生品尝到合作学习的快乐，学习能力得以锻炼。

五、教学过程

（一）课前部分

1. 自主学习微课，合作研学课件

教师通过蓝墨云班课平台发布微课《钢笔工具的使用》、课件《logo 设计技巧和方法》、任务单。

学生登陆蓝墨云班课平台获取学习资料，自主观看微课视频；小组合作研学课件，掌握标志设计的基本思路；领取任务单。

信息化手段及作用：弥补教材缺失、整合教学资源，提高学生的学习兴趣，直观形象地引导学生掌握钢笔工具的使用方法及 logo 的设计技巧与方法，为后续学习奠定基础。

2. 布置 logo 设计征集任务

教师通过蓝墨云班课平台发布任务，邀请全班同学以小组为单位参加"校园社团 logo 作品征集活动"。

学生登陆平台认领比赛任务，仔细阅读比赛要求，组队参与活动。

信息化手段及作用：出示图文并茂的大赛宣传海报，吸引学生注意力。

3. 合作探究调研社团定位；头脑风暴，设计 logo 草图

教师邀请各组同学了解社团的文化背景和活动特点，完成前期调研问卷。

教师布置任务：依据调查结果绘制 logo 草图，在组内进行分享；组织学生将调研问卷、组内推选的最佳 logo 草图及作品说明上传至蓝墨云班课平台中。

学生以小组为单位调研社团定位，在微信群中完成头脑风暴活动，确定设计方案后，独立进行草图的绘制；学生将个人绘制的 logo 草图在组内分享，整合优点，确定本组 logo 的最终制作方案；将完成的调研问卷、logo 草图及作品说明上传至蓝墨云班课平台中。

信息化手段及作用：网络问卷调研引导学生及时了解社团教师作为虚拟甲方的客户需求，教师归纳、整理学生课前调研结果和设计方案，直观发现学生在 logo 设计时出现的问题，调整教学预设。

（二）课上部分

1. 任务导入，以"情"唤学

视频导入，创设情境，激发兴趣。明确比赛要求：运用 Photoshop 钢笔工具完成社团 logo 的绘制。

教师播放校园社团 logo 作品征集活动的宣传视频，鼓励同学们运用 Photoshop 钢笔工具绘制出出色的社团 logo。

学生观看校园社团 logo 作品征集活动的宣传视频，熟记赛事要求。

信息化手段及作用：出示大赛宣传视频，吸引学生注意力，激发学生的学习欲望与创作热情。

2. 任务准备，以"趣"诱学

（1）反馈结果，确立本节课的重点

教师展示学生课前学习结果，结合课前学习数据，明确学生学习中遇到的问题，并确立本课的重点。学生观看反馈结果，明确自己课前学习的不足。

信息化手段及作用：问卷星直观展示学生课前对钢笔工具使用的掌握情况，引导学生发现不足，增强学习效果。

（2）开展钢笔工具闯关游戏，解决问题，提炼精华，突破重点

教师发布钢笔工具闯关游戏，邀请学生三人为一组，以轮换制完成闯关，每位同学的闯关时间为 3 分钟，在游戏中解决问题，弥补课前学习的不足。

学生参与游戏，随着游戏关卡难度的升级，熟练掌握从直线路径到曲线路径，再到完整图形路径的绘制技巧。

信息化手段及作用：闯关游戏，寓教于乐，能够更好地提高学生学习兴趣。教学平台对游戏过程实时录屏，方便教师在学生操作的过程中发现问题，及时进行有针对性的讲解。

教师邀请闯关速度最快和最慢的小组分享通关过程中遇到的问题以及解决技巧；教师有针对性地讲解学生闯关时的问题，演示并总结钢笔工具的使用要领，鼓励学生在学习和实际生活中运用该技术实现创作，突破重点。

信息化手段及作用：ppt 向学生展示钢笔工具的使用要领；Gif 动态图使学生直观感受并理解老师所总结的"无敌咒语"，掌握钢笔工具绘制不同类型路径的方法。

3. 任务分析，以"导"助学

（1）案例分析，解析 logo 设计的构成元素及特点

教师引导学生对"2022 年北京冬奥会会徽"进行案例分析，从标志设计的构成元素及特点引导同学填写奥运会标志分析表；学生通过手机 QQ"扫一扫"查看 2022 年北京冬奥会会徽诞生的精彩瞬间。小组完成讨论，填写《标志分析任务表》，并将表单反馈至蓝墨云班课平台。

信息化手段及作用：以 AR 技术手段实现学生教材的全新升级，将课件上静态的画面以有趣的真实场景展现在学生面前，增加了学习的互动性和趣味性；课前微课知识与课堂案例解析的联动，有助于学生实现知识内化。

（2）领取采访视频，明确社团老师的修改意见

教师邀请学生登陆蓝墨云班课平台，认领课前各社团教师的采访视频，领取 logo 草图设计的修改意见。学生观看视频了解社团老师作为虚拟甲方客户对 logo 设计的修改意见和建议。

信息化手段及作用：借助平台发布的采访视频，实现一对一的客户对接，模拟

工作环境，使情境真实化，帮助学生明确获得客户的需求及对设计方案的修改意见，及时纠错，提高效率。

（3）重构本组的 logo 设计方案，完善本组的草图

教师邀请学生以小组为单位，根据甲方客户社团老师的 logo 设计建议，结合学习 2022 年北京冬奥会会徽的启示，参考标志分析表，重新构思本组社团 logo 的设计方案。

各组同学对课前 logo 草图进行修改和完善，探讨 logo 绘制过程中运用钢笔工具绘制的技巧，为最后标志的绘制做好充分准备。

信息化手段及作用：依靠网络教学平台，教师及时了解学生学习进展和问题；借助互联网资源，鼓励学生拓宽设计思路，进一步深入知识。

4.任务实施，以"用"激学

运用钢笔工具独立完成 logo 绘制；组内分享成果，择优提交作品。

教师邀请各组学生上机实践，运用钢笔工具独立完成 logo 的绘制，操作过程中遇到问题可查看微课解决或求助教师；教师巡视进行针对性的辅导，关注学生在创作过程中的表现，及时解决学生们操作中出现的问题。

学生上机独立完成 logo 的绘制，并在组内讨论，将绘制成果与课前提交的设计草图进行对比，发现问题，分析效果，选择最佳作品，并将本组的作品及作品说明发送至教师端。

信息化手段及作用：实战操作，高效完成 logo 的绘制，让学生设计的作品得到直观的呈现；依靠网络教学平台，教师及时了解学生的学习进展和问题，协助学生破解技术难题，巩固重、难点。

5.任务展示，以"评"促学

（1）小组展示作品，组间互评成果

教师邀请学生以小组为单位上台进行展示。从设计思路与钢笔工具的应用两方面分享创作心得，邀请各小组认真填写组间作品评价表，并根据评分结果，对各组作品予以评价，提出改正建议。

学生以小组为单位，派代表上台展示 logo 设计作品，交流本组的设计想法，分

享钢笔工具在作品中的具体应用；充分讨论，根据作品，认真、客观地完成组间作品评价。

信息化手段及作用：利用网络教室软件收集课堂任务，教师及时掌握学生任务的完成情况；在网络问卷平台，进行组间作品互评，教师和学生对比各项指标，评测各组作品的完成情况，以便后续完善提高。

（2）完成课堂自检，进行多元评价；社团老师在线点评

教师通过问卷星发布课堂自评表，邀请学生完成课堂自评，从 logo 设计知识储备、PS 钢笔工具知识检验、课堂参与表现三方面进行系统评价。邀请社团老师对各组作品进行在线点评。

学生扫描二维码登陆问卷星，根据本节课的表现认真填写自我评价表，进行课堂自检，记录学习情况。小组同学与社团老师直接沟通交流，了解客户对本组 logo 作品的意见和建议。

信息化手段及作用：基于网络问卷平台，学生完成课堂自检，了解学习效果，找到存在的问题。教师对比各项指标得分情况，评测学生知识掌握情况。

6. 任务拓展，课后提升

布置任务：完善 logo 作品，参与实际项目。

教师布置基础任务：学生根据反馈修改作品，提交至设计大赛的主办方。

学生根据客户甲方社团老师的反馈、同学们的建议对本组的作品进行最终修改，完成相关展示文本，提交主办方。

教师布置拓展任务：运用本节课所学，完成老年健康社区标志设计项目。

学生完成拓展任务：在蓝墨云班课平台领取任务书，为老年健康社区进行标志设计。

信息化手段及作用：蓝墨云班课教学平台：实现课下延伸，充分利用网络资源，巩固提高学习成果。

六、教学评价

1. 模拟工作情境展开教学行动，提升学生综合职业素养

依据教学目标，结合学生的认知水平，本课以"校园社团 logo 作品征集大赛"为任务主线，让学生在模拟的职业情境中学习"如何工作"，亲历完整的 logo 设计与绘制过程，逐步掌握知识技能；通过自主探究、小组合作共同完成赛事项目，建立对岗位工作的初步认识，提升学生的创意水平，培养精益求精的工匠精神，为培养具有合格职业素养的人才奠定基础。

2. 建立"五有"（"情、趣、导、用、评"）的教学模式

本节课成功之处是采用"以情唤学""以趣诱学""以导助学""以用激学""以评促学"的五有教学模式，充分发挥教师的引导作用，挖掘学生的潜力，激活课堂，使课堂成为学生学习动力的源泉，帮助学生达到"愿学""乐学""会学""善学"的目标，真正做到学以致用，提高教学效果。在教学过程中，由于软件的学习处于起始阶段，学生的技能掌握程度有限，作品还有许多待改进的地方，在设置作业环节时，要求学生完善作品并上传平台，督促学生强化练习，时时跟踪与落实学生学习效果。

3. 创设信息化教学环境，提高课堂教学效果，有效攻克教学重点、难点

课堂依托蓝墨云班课教学平台，微课教学将课前、课中较好地联系起来，使理论知识更有亲和力，赛项宣传视频创设情境，激发学生的创作热情，以情唤学；闯关游戏简单有趣，帮助学生快速掌握重点知识，以趣诱学；AR 技术将静态课件转化为真实有趣的学习场景，引导学生主动学习，以导助学；问卷星平台完成对教学的多元评价，全面了解学生的学习效果，以评促学；多种信息化手段的运用为学生营造了一个效率高、趣味足的信息化课堂，让原本枯燥的教学内容变得生动有趣。对比传统的教学模式，学生明显更好地掌握了知识。

型腔类零件的加工 [1]

朱金源

课程名称： 数控铣床

使用教材：《数控铣床编程与操作》（化学工业出版社）

授课班级： 职高数控技术应用专业二年级

授课地点： 数控一体化实训室

授课课时： 2 课时

一、教学内容分析

数控技术应用专业的学生在毕业后主要从事数控设备操作、数控编程、工艺实施等工作，需要学生具备数控加工和数控设备操作与管理的理论知识和综合职业能力。《中国制造 2025》（第 2 版）提出，坚持"质量为先，人才为本"的基本方针。本课充分发挥学生的主体作用，重在树立学生的职业意识，培养学生的工匠精神。

本课选自数控技术应用专业核心课程，数控铣床编程与操作，模块五，项目三，型腔的加工，共 3 学时，教学内容是平底凹槽类型腔零件的加工任务。型腔类零件

---

[1] 北京教育学院 2019 通州专项计划项目通州中职教学有效性研究优秀成果奖。

在企业生产中最为常见，是程序编写、内外轮廓加工、保证尺寸精度等课题的综合项目，本课题学习对于数控专业的学生显得尤为重要。依据中等职业学校专业教学标准，引入数控程序员国家职业标准和岗位技能要求，结合"码上学习"系列教材进行教学。

二、学情分析

授课对象为数控技术应用专业二年级学生，在此之前他们已经学习了内外轮廓的加工，通过课前加工测试，全部学生都能够保证工件的尺寸精度，而工件内外轮廓的加工以及保证尺寸精度为学习平底类型腔零件加工的分支课程，为本节课的学习奠定了基础。

该班学生热爱竞技游戏，能够自主学习。但在空间想象能力方面比较薄弱。出现问题时，不愿主动思考出现问题的原因。因此，在教学中针对学生的特点设计了闯关游戏，让学生在学习中合作探究。在遇到问题时，给学生提供相关信息化资源，引导学生解决遇到的问题，完成知识学习。

三、教学目标

（一）教学目标确定

知识目标： 说出型腔类零件的特点；掌握去除平底类型腔零件内轮廓加工余量的方法。

能力目标： 根据先面后孔、先内后外、先粗后精的工艺原则，制定平底类型腔零件合理的加工工艺；根据平底类型腔零件加工余量确定合理的走刀路线。

素质目标： 树立学生精益求精的职业意识和质量意识。

（二）教学重点、难点

教学重点： 制定合理的加工工艺。

选择合理的走刀路线去除加工余量。

教学难点： 选择合理的走刀路线去除加工。

四、教学方法

教法：任务驱动教学法。

学法：合作探究。

五、教学过程

（一）课前准备

教师将任务指导书、微课、电子工艺卡片上传至蓝墨云班课平台，要求学生以小组为单位，根据要求完成下列任务：

①观看微课，了解什么是型腔类零件；

②使用三维软件设计一个型腔类零件，截图上传至班级讨论区；

③完成电子工艺卡片的制定，上传至班级讨论区；

④完成编程，使用交互式模拟软件进行程序模拟，并将模拟图像截图，上传至班级讨论区。教师在班级讨论区了解学生课前学习存在的问题，并根据存在的问题设计工艺 App 以及填充游戏，来突出重点突破难点。

设计意图：引入翻转课堂理念，让学生在课前完成理论知识学习以及相关准备工作，提高课堂效率，使课堂教学更具针对性；运用三维模型、工艺卡片以及模拟图像在讨论区展示和讨论，有助于老师了解学生课前知识掌握情况，并根据存在的问题及时调整教学策略。

信息化手段作用：微课的运用，将知识由静变动，使学生更容易理解；三维软件的应用，能够将抽象的知识变得更为直观、具体；交互式模拟软件的应用，在没有机床和老师的情况下，既保证学生的安全，又能校验程序；班级讨论区的应用，给学生提供了学习交流的平台，有助于老师了解学生课前学习情况，使课堂教学更具针对性。

（二）课堂教学

环节一　问题导向（12分钟）

教师向学生提问型腔类零件是什么，要求各小组派一名代表上讲台展示课前设计的三维模型，并说明设计理念。

教师再次提问学生型腔类零件在生活中的应用，并播放微课"汽车的秘密"。

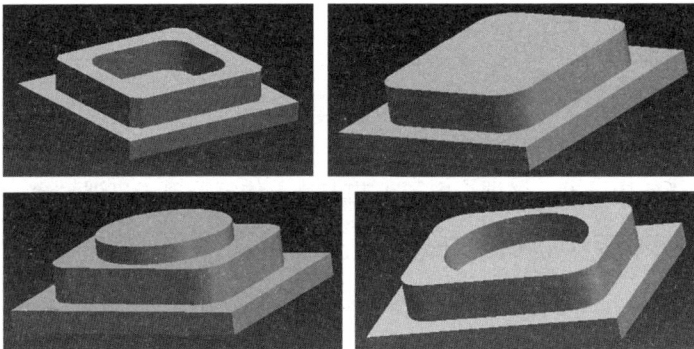

型腔类零件的三维模型

设计意图：三维模型的展示，有助于学生了解型腔类零件的特点，落实知识目标1；了解型腔类零件在生活中的应用，提高学生的学习积极性。

信息化手段作用：三维软件的应用，将抽象的知识直观化，让学生对型腔类零件的理解更加有效，让学生直观了解型腔类零件在生活中的应用。

环节二　布置任务（3分钟）

教师讲授本节课以闯关游戏作为主线，确定完成任务指导书中零件图的加工，需要突破工艺关、程序关和加工关。并说明任务要求：保证工件尺寸精度；整个操作过程中符合6s管理。（一种管理模式，即整理、整顿、清扫、清洁、素养、安全）

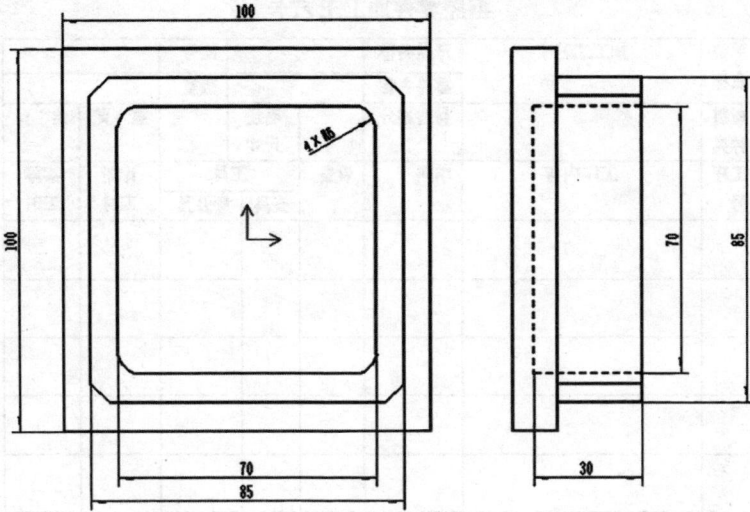

零件图

设计意图：完成任务布置，提高学生学习积极性。通过闯关游戏的方式，激发学生学习兴趣。

信息化手段作用：闯关游戏可以提高趣味性，提高学习兴趣。

环节三　任务分析

1.工艺分析

引导各小组展示课前设计的电子工艺卡片。并提问：哪个小组的工艺最合理？

（学生并不能确定哪组工艺最合理）

型腔零件加工工艺卡

单位名称	加工工艺卡	产品名称		图号		
		零件名称		数量		
材料种类		材料成分		毛坯尺寸	第 页	共 页
工序号	工序内容	车间	设备	工具	计划工时	实际工时
				夹具	量刃具	

型腔零件加工工艺卡

设计意图：分析任务，展示和讨论，但学生并不能得出哪种工艺最合理，引出本节课第一个重点。

信息化手段作用：电子工艺卡片的应用，让学生快速直观地展示课前的学习成果。

2. 制定工艺

引导各小组根据工艺 App，完成电子工艺卡片的修改，最终确定合理的加工工艺，突破工艺关。教师从准确性和完成快慢两方面，对各组制定的工艺进行评价。学生针对工艺制定的表现，进行小组内和组间评价。

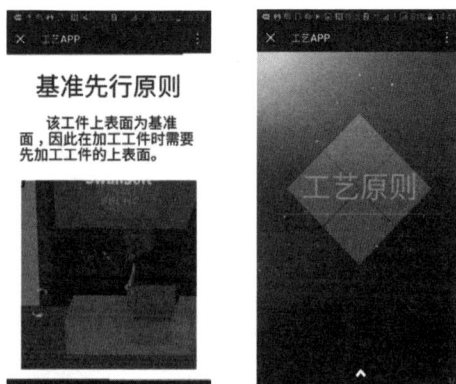

工艺 App

设计意图：让学生掌握根据先面后孔、先内后外、先粗后精的工艺原则制定加工工艺的方法。落实能力目标 1，突出本节课第一个重点。

信息化手段作用：工艺 App 的使用，让学生通过动画，直观地了解工艺原则，借助信息化手段突出本节课的重点，使知识更加生动。

环节四　任务实施

1. 程序修正与校验（18 分钟）

（1）向学生提问，运用程序模拟存在的问题以及对应解决方法。主要存在的问题是：模拟加工的零件，只完成了外轮廓和内轮廓的加工，而中间还留有余量。大部分学生都认为内轮廓程序编写错误，不会考虑再编写一个去除余量的程序。

（2）引导学生完成"填充游戏"，并提问如何去除加工余量。

（3）要求学生使用电子图版画出刀具加工轨迹，并分组展示。

（4）引导学生完成程序修改及模拟，直至程序准确无误，突破程序关。

教师对学生知识迁移以及修正程序的快慢和准确程度进行评价，学生根据组员对小组的贡献进行评价。

设计意图：通过程序校验出现的问题，引出本节课的第二个重点也是难点：运用"填充"游戏，可以将知识迁移到零件的加工余量去除，让学生了解去除加工余量的方法；使用电子图版，让学生直观了解刀具的加工路线，掌握如何制定合理的走刀路线去除加工余量，突破难点，落实知识目标 2、能力目标 2。

信息化手段作用：应用交互式模拟软件，引出本节课第二个重点也是难点；游戏寓教于乐，让学生们逐步掌握去除加工余量的方法。

利用电子图版，可以直观地呈现刀具加工路线，有助于学生观察是否去除加工余量；填充游戏、电子图版软件相结合，突出重点、突破难点。

2. 工件加工（28 分钟）

教师引导学生分小组完成工件的加工练习，最终突破加工关，并在加工过程中对各小组的 6s 管理中的各个方面进行评价。学生则对组内成员的 6s 管理的以下三方面进行评价：工具量具分开摆放整齐；工服工装、护目镜齐全；保持清洁。

设计意图：通过实际加工工件，在强化操作的同时，也验证了工艺和程序。对学生 6s 管理方面的评价，则让学生重视提高职业素养。

3. 工件质检（12 分钟）

教师引导学生分小组进行工件的质检，并完成质检卡片的填写，强调质量的重要性。

教师对各小组进行质量评价，学生针对组内学生尺寸测量的精度进行评价。

设计意图：通过工件质检，让学生关注质量，让学生体验质检人员的工作内容。

（三）课后拓展

要求学生完成直通槽的编程和模拟加工，在班级讨论区中了解学生学习情况。对于存在问题的小组推送微课并修改程序，直至程序校验准确无误。

设计意图：直通槽工件加工与平底类型腔零件加工工艺、内轮廓余量去除方法相似，验证学生是否掌握所学知识。

信息化手段作用：微课推送，可以有效引导存在问题的学生完成直通槽工件的编程和模拟加工。

六、教学特色

本课引入数控操作工职业标准和岗位技能要求，让学生了解职业要求、岗位要求，树立学生的职业意识，培养学生的职业素养，能够更加有效地培养人才。

本节课引入翻转课堂理念，根据学生课前学习情况，调整教学策略，使课堂教学变得更具针对性。课中运用任务驱动教学法，以闯关游戏的方式，从问题导入到任务实施，充分发挥学生的主体作用，突破工艺关、程序关和加工关，最终完成合理制定平底类型腔类零件加工工艺、去除平底类型腔零件加工余量知识的学习。

本节课运用多种信息化手段，把抽象的知识变直观，让学生在轻松愉快的环境中学习知识。通过使用工艺 App，解决了学生在工艺制定中存在的工艺设计不合理的问题，突出本节课的重点。将交互式模拟软件、"填充"游戏以及电子图版软件相结合，解决了去除加工余量的问题，突破难点。真实情景、信息化手段的应用以及对学生多方面、多元化的评价，使课堂变得有用、有效和有趣，形成真正的三有课堂。

策划直播农产品水果

林　超

课程名称： 网络营销

使用教材：《网络营销与实践》（西安交通大学出版社）

　　　　　　《直播电商》（人民邮电出版社）

授课班级： 职高电子商务专业二年级一班

授课地点： 多媒体教室

授课课时： 1 课时

一、教学内容分析

直播电商是网络营销的重要方法，作为一种新兴的经济模式，在扶贫助农中发挥了重大作用。在整合国家规划教材《直播电商》中策划直播的相关知识后，依据电子商务技能大赛国赛直播模块的考核形式和评分标准，以及客服模块试题，本着提升学生对综合知识的运用能力，设计了 6 课时的策划直播农产品水果这一实践任务。

根据中职学校电子商务课程标准和人才培养要求，学生通过策划直播农产品水果的实践，提高其根据企业要求策划商品文案，利用直播媒介，实施网络推广的能力，以及语言表达能力、沟通能力、应变能力和团队协作能力这四方面职业素养的培养。

本节课是第 5 课时，主要内容是做一款农产品水果的直播。

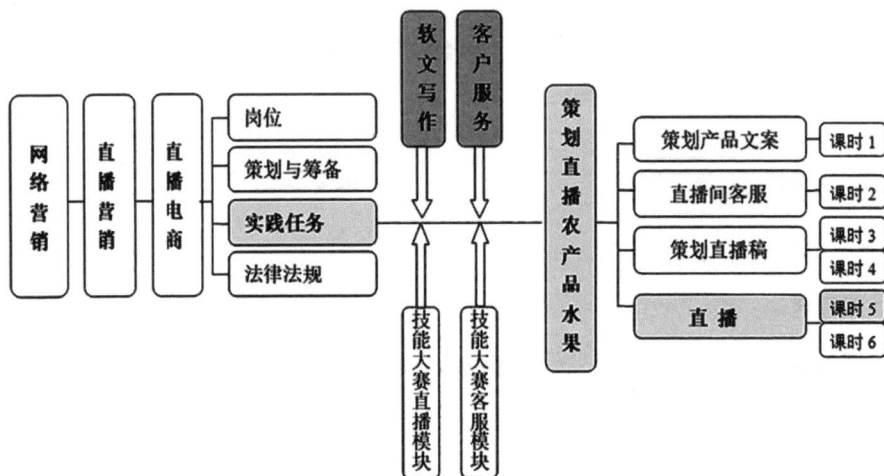

农产品水果的策划直播表格

二、学情分析

授课对象为中职高二电子商务专业学生，毕业后主要从事网店运营相关岗位的工作。我依据学生学习档案中记录的形成性评价和过程性评价数据，分析出学生目前所具备的素质基础，具体情况如下：

知识基础：已学习软文写作、客户服务知识。

能力基础：已具备搜集提炼商品信息能力、营销文案撰写能力，以及介绍一件商品的表达能力和客户服务能力，但是个别学生欠缺提炼产品卖点能力。

素质基础：学生具备合作精神、创新探索精神，但缺少深入挖掘新知识、新技能的精益求精的工匠精神，需要老师引导。

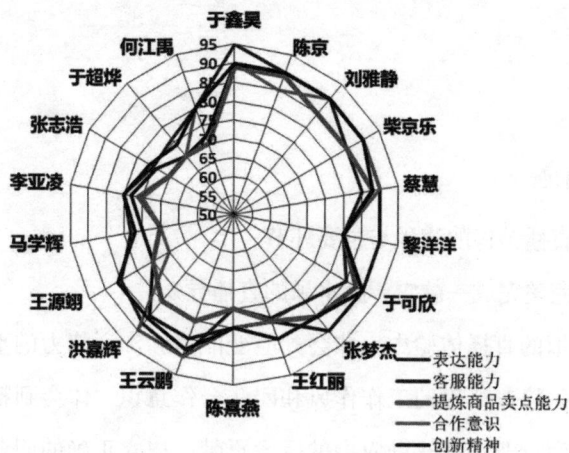

本次实践任务胜任力素质分析

高二电商 1 班学生观看直播带货的调查统计分析表

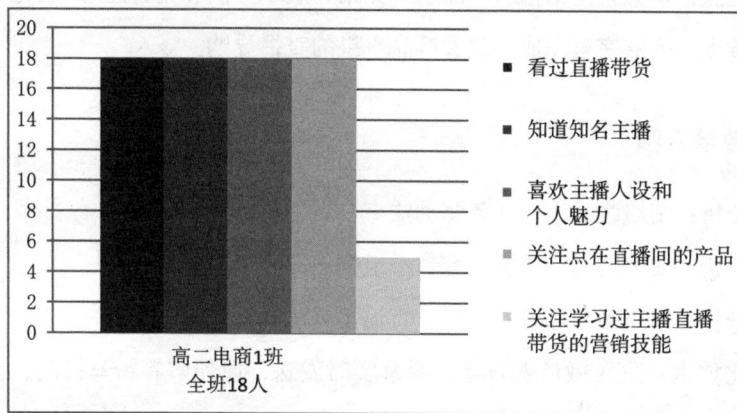

通过课前对学生观看直播带货的调查了解到：

大部分学生都以消费者的身份看过淘宝直播，但他们仅仅关注产品本身和主播的个人魅力，没有从电商从业者视角深入探究直播带货流程，没有主动观察、学习主播的营销技能。

三、教学目标

（一）教学目标确定

知识目标： 明确直播销售的流程与主要环节。

能力目标： 能够完整完成一款农产品水果的直播导购。

素质目标： 在模拟的直播体验中，体会到应变能力和沟通能力的重要性；在践行探究学习的过程中，培养严谨的工作作风和团队合作意识，体会到精益求精的大国工匠精神；感受电商行业在扶贫助农中的巨大贡献，树立正确的职业理想，增强职业道德和社会责任感。

（二）教学重点、难点

教学重点： 掌握直播销售农产品水果介绍、展示方法和销售注意事项。

教学难点： 能够完整完成一款农产品水果的直播导购。

四、教学方法

教法分析： 情境教学法、任务驱动法——做中教。

学法分析： 实践活动、体验探究、小组合作——做中学。

学法分析教学资源与环境： 手机、直播工具（补光灯）、水果。

信息化技术： 班级微信群直播，弹幕实时发送，以便解答粉丝提问，突破教学难点。

评价体系：

内容： 评主播、评合作。

方式： 个人自评、组内自评、组间互评、教师点评。

依据： 以赛促教，以赛促学。

五、教学过程

（一）课前部分

引导每个学生关注家乡来客助农商城，选择四种水果，根据直播流程将产品文案形成直播稿，打印后熟记；去观看一场农产品水果的直播带货，观察主播如何与粉丝互动，展示和介绍产品，并做好记录；根据所选水果分成四组，选好组长。

引导学生关注家乡来客助农商城

设计意图：本环节以学生兴趣为出发点，以学生选择的水果作为本节课分组的依据，学生通过课前自学观察主播如何做直播和介绍商品，熟记之前的直播稿，为本课实践农产品水果直播带货做足准备。

（二）课上部分

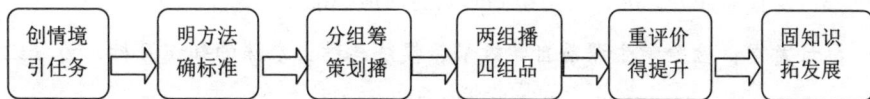

具体流程表

1. 创情境，引任务（3分钟）

（1）播放央视精准扶贫公益广告，学生身临其境，与大国好物共情，用电商专业的学生身份，帮助果农助农商城推广销售家乡的水果。根据课前的策划直播稿，以小组为单位策划一场7分钟的直播，并进行直播全流程的演示。

（2）以小组为单位发放任务书和水果。

播放央视精准扶贫公益广告

设计意图：用扶贫公益广告渲染气氛，结合电子商务技能大赛国赛新增的直播模块赛题，创设情境来布置任务，使学生感受到助农扶贫中的巨大感召力，激发学生实践兴趣，深入融入思政。

2.明方法，确标准（4分钟）

（1）通过观看直播视频和学生所画思维导图，明确直播流程，学生总结出主播销售介绍、农产品技巧，写在黑板上。

（2）教师引导学生关注任务书各项填写方式。

①直播流程：开场—商品介绍—弹幕问题—直播结尾。

②每组准备五个弹幕问题，可以是消费者关心的问题，也可以是商家所看重的问题，甚至可以问一些不同角度的问题考验其他主播。

（3）发直播评分标准，学生策划时要有对应标准。

设计意图：检验学生课前自学效果，提炼总结出本课的知识目标，为分组策划介绍、展示农产品提供依据，明确完成任务的方法。

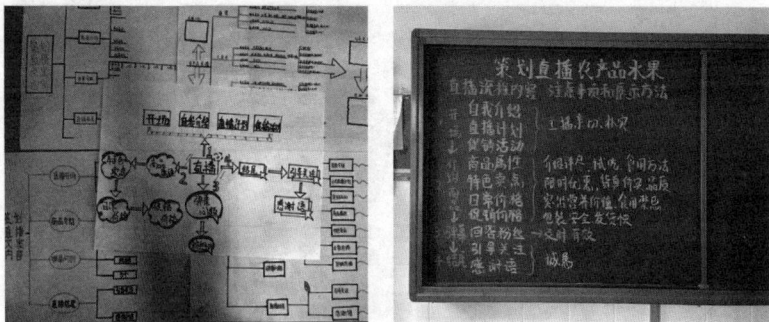

学生总结归纳的内容

3.分组筹，策划播（10分钟）

本环节教师组间巡视，观察学习进程，分析效果，酌情给予学生帮助，并指导各组完成任务单内容。选择准备充分、胜任力强的两组，下一环节做课堂展示，教师记录各组学生在策划和合作学习中的问题作点评依据。

设计意图：小组成员内部推选主播，进行组内分工，比如填写任务书、为其他组设计弹幕问题、朗读直播稿等。小组成员分工合作，群策群力谋划，培养团队意识和执行力。

4.两组播，四组品（15分钟）

教师调试手机，登录学科群发起群直播，学生通过手机观看；根据分组准备情况，两组主播上台展示；台下同学以直播间观众身份，观看直播；其他组围绕主播展示的水果和预设问题，实时发弹幕提问；各小组对照电商技能大赛国赛直播模块评分标准，从主观和客观两方面评鉴直播效果，老师观察学生展示过程中的问题并做好记录。

莲雾组

直播现场

手机直播界面

杨桃组

直播现场

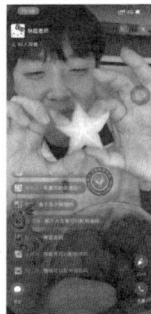

手机直播界面

设计意图：主播在实时直播中既要介绍水果，又要回答台下学生的随机弹幕提问，锻炼了自己的语言表达能力和获取信息能力，提高了直播间转化率。两组主播对比竞争示范展示，另外两组学习借鉴。

5. 重评价，得提升（10分钟）

教师对两组展示给予肯定，组织学生对照评价表对两组进行评价：

（1）评价直播效果（依据技能大赛主播直播评价表）

① 两位主播自评

莲雾组主播自评流程不全，一直在回答粉丝问题，忘记介绍价格环节了；杨桃组主播自评流程完整，回答粉丝问题热情，问题就是问问题的粉丝太多，不能解答所有人的问题。

②对本组直播表现进行评价

莲雾组的辅播评价自己没有帮助主播，合作意识不强；杨桃组的组员评价自己的主播表现很棒，特别有亲和力，但是本组预设的问题特别常规，其他组问题刁钻，还好本组主播机智，反应快。

③各小组根据直播评分表客观和主观填写评价和建议

④最后评选出优胜主播：杨桃队主播

（2）评价本组学习过程

给组内成员负责内容进行分工，并评价表现，总结本组在这次合作学习中的优点和不足。

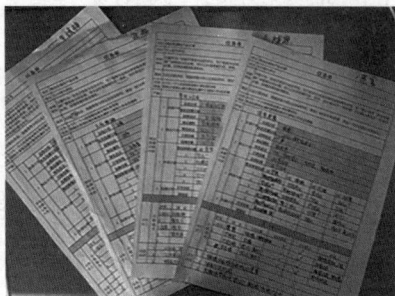

→ 最后选出最佳小组贡献个人

评价表现

设计意图：对照直播评分表，自评互评，自检不足，相互借鉴，共同提升。通过小组内的学习情况评价，检测、评价组内分工合作表现和个人学习效果。

6.重评价，得提升（10分钟）

（1）引导学生回顾筹划直播、实施直播、观看直播、评价直播这一系列过程，并让他们总结补充出还应该注意的细节，拓展本节课知识目标，板书于黑板。

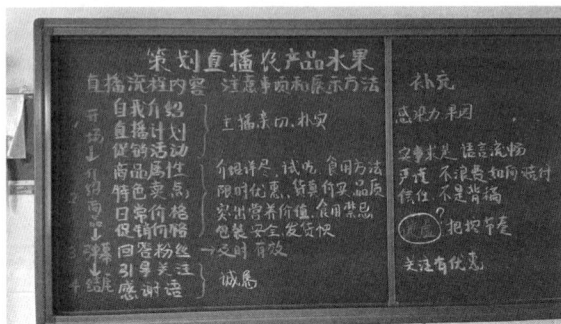

策划直播农产品水果板书

（2）提升

直播中，有学生用到了"最"安全、"最"好吃的"极限词"，同学们说这样不谦虚，启发学生思考，问题仅仅是不谦虚吗？适时普及行业法规知识，让学生知晓《广告法》中对"最强""最佳"等绝对化用语已做出明确禁用的规定。

同时，2020年5月国家新增设了直播销售员这一职业工种，其中法律法规是职业资格证笔试部分的重要考核内容。让学生深感电商人知法守法的重要性。

设计意图：通过本节课学生实践评价，总结出在注意直播时原则方法的基础上，还应该注意细节，拓展知识内容，提升应变能力和沟通能力，同时培养主播严谨、求实的职业素养，引起学生对学习广告法和电商直播行业规则的兴趣，进行思政渗透。

（三）课后作业

1. 交回小组任务单，归入学习档案，将它作为形成性评价和过程评价依据。

2. 每位同学根据本次实践和评价过程，改进直播，下节各小组继续现场直播，展示过的小组则轮换主播，追求精益求精的工匠精神。

3. 每位同学都完善直播，录成视频，发给老师，以弹幕自问自答的形式，提升直播能力。

六、教学评价

（一）优势与创新

1. 遵循法律，慎选平台；思政渗透，沁润人心。

本课从设计初期，教师遵循法律法规，慎重选择直播平台，在七部委发布的《网络营销管理办法（试行）》明确了直播人员不低于 16 周岁的年龄限制后，才以微信班级群直播的授课形式进行模拟直播。整个实践过程与思政知识巧妙结合，浸润人心。

2. 模拟直播，突出重点；弹幕互动，突破难点。

实时弹幕随机提问还原直播真实性，在回应粉丝提问的同时兼顾介绍、展示水果，确保直播完整，突破教学重点、难点。

3. 多元评价，多维引领；对标职业，提升素养。

多元评价体系，引领学生多维度提升职业能力素养。通过团队策划直播过程，对照职业标准，让自我认识更加清晰、明确，找到差距，不断努力，提升职业素养，实现自我价值。

（二）不足与改进

虽有团队合作 更要关注个体

分工还需明确 激发无限潜能

小组合作可以培养学生团队意识，但是仍然会有学生参与度不够，因此要尽量对每位学生给予关注，在任务单中更加明确个体分工、责任，实时记录表现，引领学生发现个人特长，激发学生无限潜能。

中国古代建筑的屋顶形式 ①

胡佳媛　韩雪枫　高爱花

课程名称：全国导游基础知识

使用教材：《全国导游基础知识》（中国旅游出版社）

授课班级：职高旅游服务与管理专业二年级

授课地点：多媒体教室

授课课时：1 课时

一、教学内容分析

本课程选自全国导游资格考试统编教材《全国导游基础知识》第六章《中国古代建筑》中古代建筑的屋顶这一部分内容。该教材在强调理论和实践相结合、内容与时俱进的基础上，更加注重实用性和可操作性。学生在上一课时已经学习了古代建筑的建筑思想和基本特征，本节课则重点学习中国古代建筑的组成部分——屋顶。通过本课学习，学生需掌握中国古代建筑屋顶形式的特点，并利用所学知识对重要的古代建筑的屋顶形式进行介绍。

① 本项目获得 2019 年北京市京郊联盟说课大赛一等奖。

二、学情分析

本节课授课对象为我校旅游服务与管理专业高二年级学生。

（一）学生已有知识与技能分析

在知识方面，学生已经学习了古代建筑的建筑思想和基本特征，掌握了故宫三大殿的历史概况，也对中国古代建筑的屋顶形式有了初步了解，但是对于具体的屋顶名称等专业名词缺乏系统认识。在能力方面，学生已经掌握了导游词的创作方法和讲解时的注意事项。

（二）学生学习能力和学习风格分析

语言表达能力：根据教学标准和 2018 年全国导游资格考试大纲要求，语言表达能力是旅游专业的重要专业技能。本班学生对创作导游词的逻辑性和讲解时的感染力还需提高。

空间想象能力：本节课学习内容需要学生有较好的空间想象能力，但是学生现阶段普遍缺乏空间想象力，因此需要在课堂教学中使用恰当的教学手段，帮助学生攻克这一学习障碍。

（三）学习本任务可能面对的困难与问题

导游专业知识的学习较为枯燥，部分学生易出现畏难情绪。学生对导游词的创作与讲解兴趣较高，但缺乏信心，展示的时候容易紧张，导致出现表情僵硬和表达不流畅等问题。

三、教学目标

（一）教学目标确定

知识目标：能说出中国古代建筑屋顶形式的特点、中国古代建筑屋顶形式的等级。

能力目标：能根据屋脊和屋面的特征，分辨出中国古代建筑的屋顶形式。

素质目标：体会中华建筑之美，树立传播中华优秀传统文化的意识。

（二）教学重点、难点

教学重点：掌握中国古代建筑屋顶形式的特点。

教学难点：运用所学知识，介绍中国古代建筑的屋顶形式及代表性建筑的历史概况。

四、教学方法

教法分析：本课贯彻以教师为主导、学生为主体的教学理念，结合本课教学内容和学生情况，采用任务型教学法。

学法分析：学生在学习过程中采用了小组合作法、发现法、练习法等多种学习形式。

五、教学过程

（一）生活导入，激发兴趣

（1）教师展示故宫三大殿的图片，引导学生认识到中国古代建筑的屋顶形式是有区别的。

故宫三大殿

（2）教师展示对行业教师的采访视频，视频中行业教师主要讲述旅游者在观赏古代建筑屋顶过程中感兴趣的内容。

设计意图：通过图片和视频的展示，学生了解旅游者在游览过程中对古代建筑屋顶形式的兴趣主要体现在哪些方面，使学生明确本节课的学习内容及学习目的。

（二）模型演示，直观认知

1. 教师展示屋脊类型和屋面位置的示意图，引导学生总结归纳出本节课需要的各类型屋脊和屋面的概念。

设计意图：学习屋脊和屋面基础知识，为之后总结各屋顶形式特点做铺垫。

2. 教师展示六种屋顶形式名称，学生读出名称，教师纠正错误读音，强化六种屋顶形式的正确读音。

设计意图：强化正确读音，明确六种屋顶形式名称，确保学生认知正确。

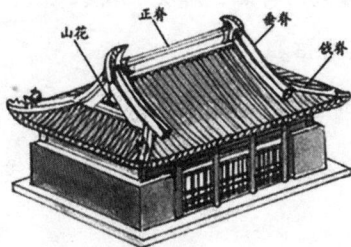

屋脊类型和屋面位置的示意图

3. 将六种屋顶形式分为三组，庑殿顶和歇山顶为一组，硬山顶、悬山顶和卷棚顶为一组，攒尖顶为一组。将每组屋顶形式的 3D 模型发送到各小组，要求学生观察模型，共同归纳、总结出各自的特点，对比分析各组屋顶的差异。讨论完成后，小组代表进行发言。

第一组

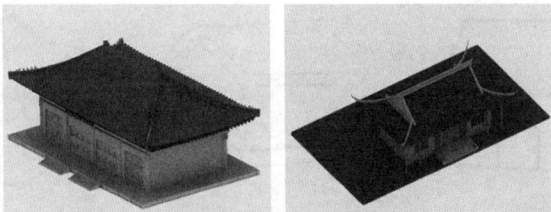

第二组

设计意图：六种屋顶的 3D 模型将抽象的平面图像转化为立体图像，学生可以多角度地观察各形式的屋顶，解决学生空间想象能力差以及课堂教学缺乏直观性的困难，归纳、总结出各屋顶形式的特点，解决了教学重点。通过展示，锻炼和提高学生的语言表达能力，增强其自信。

（三）游戏互动，聚焦巩固

每位学生在绘图软件中绘制一种教师指定的屋顶形式，截屏发送到学习微信群，教师点评，评选出最佳作品。

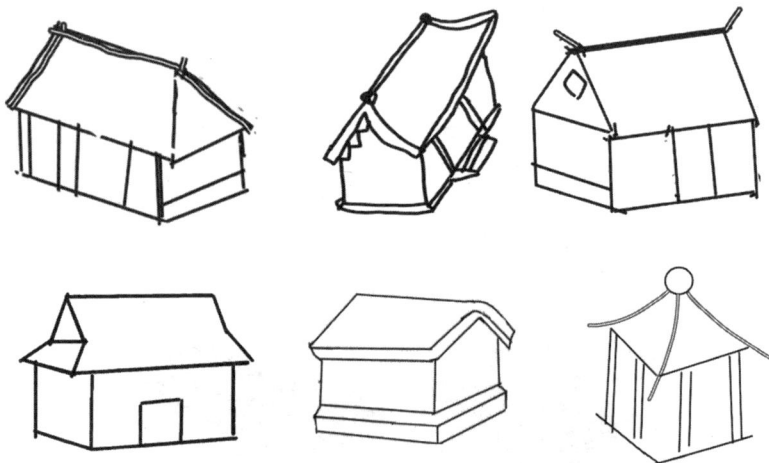

学生绘制图像

设计意图：通过绘制作品，巩固学生对屋顶形式的认识，学生能够更好地抓住各屋顶形式的关键特点，也检测了全班同学的学习效果。

（四）查阅资料，分清等级

教师展示重檐屋顶形式图片，引导学生认识重檐屋顶形式。布置学习任务：各小组在网上搜集整理资料，对重檐庑殿顶、重檐歇山顶、庑殿顶、歇山顶、硬山顶、悬山顶六种屋顶形式按照等级进行排序，并说明原因。

设计意图：网络搜索增加学习的趣味性，加深学生对中国古代建筑屋顶等级的印象。

（五）实操练习，提高表达

教师展示导游词评分细则和故宫三大殿全景图二维码，每组学生用微信扫描一个二维码，辨别扫描到的屋顶形式。利用所学知识及补充材料，小组讨论，共同编写一段导游词，并在组内进行导游词讲解演练。教师巡视，对各组进行指导，小组任务完成后每组派出一位同学进行现场展示，其他组同学在其展示的同时用微信扫描问卷星二维码，根据评价标准进行打分。教师将打分结果发送到微信群，反馈给学生。

设计意图：借用全景故宫，为学生提供贴合现实的虚拟场景。运用补充材料，丰富学生的导游词创作。通过小组协作和教师辅导，帮助学生提高语言表达能力，突破教学难点。

（六）课堂小结，内化情感

教师展示顺口溜，学生齐读总结、提升感悟、内化情感。

设计意图：导游工作对传播优秀的中华传统文化有着得天独厚的条件，因此在课堂结尾时使用一首顺口溜，提升学生民族自豪感，提高学生职业责任感，以期在今后的工作中有意识地传播优秀中华传统文化。

五脊四坡庑殿顶
九脊半坡歇山顶
悬山硬山难分辨
观察山墙和屋顶
屋面相交攒尖顶
不设大脊卷棚顶
分清屋顶赏风景
宣扬文化践于行

顺口溜展示

（七）课后拓展

教师布置课后拓展作业，中国古代建筑的屋顶除了这六种主要的形式，还有很多其他的讲究，要求学生课下收集中国古代建筑的屋脊和脊兽知识。

设计意图：学生课下收集材料，提升学生的自主学习能力。也对课堂的知识进行延伸，增加见识，开阔视野，做好铺垫。

六、教学评价

（一）优势与创新

1.模拟现实，突破重、难点

旅游专业学生需要实地教学来拓展他们的知识面，锻炼其实地讲解能力，但是课堂教学具有局限性，学生不能直接看到景观，缺乏直观性。课堂运用了 3D 模型、全景故宫图像，让学生身临其境地欣赏古代建筑，逐步提升语言表达能力。

2.创作讲解，贴近职业要求

本节课在设计过程中重视培养学生创作、讲解导游词的能力，贴近旅游服务与管理专业的职业要求，将课堂知识要求和职业能力要求相结合，实现了知识为基础、能力为目的、有意识渗透情感价值观的目标。

（二）不足与改进

本节课使用多种教学手段来弥补课堂教学的局限性，但与真正的实地教学相比，仍然不能让学生综合感官感到一定刺激性，学生体验不深。

第三部分　教学论文

我的中职英语教学中的美育渗透 [①]

徐艳辉

　　美育，顾名思义，是人们对美的认识，以及教育的过程。美育教育既是美学与教育相结合的产物，又是美学得以应用于现代教育的重要手段。陶行知先生曾经表达过，"一个人要全面发展，不能缺少技术教育，也不能缺少美育，尤其是在现代教育中，没有美育是不成的。"作为知识性、思想性和审美性兼有的基础学科外语，其教学首要原则应是"外语教育与思想教育、审美教育相结合"，即实现"文道美"的高度统一。在英语教学中，通过渗透美育，促使学生对教学形式和教学内容产生浓厚兴趣，以美求真、以美激情、以美育人，让学生受到美的熏陶，达到培养学生高尚的道德情操和健康的审美情趣的目的。

　　本文着重分析在职高英语教学中，笔者是如何渗透美育的。结合自己的经验，从以下三个维度进行探索。

一、发现生活的人文美

　　艺术大师罗丹认为："美是到处都有的，对于我们的眼睛，不是缺少美，而是缺少发现。"所以教师要充分利用生活中的人文因素，实现人文素养教育的渗透。

（一）抓住校园的景物美

　　每个新学期就是学生追求美的开始。面对新鲜的环境和人物，他们总对未来充

[①] 获北京市中小学第十三届"京美杯"征文一等奖。

满好奇和期望，英语教师应适时抓住机会进行美育，引导学生发现目之所见的美。比如，开学第一节英语课，用多媒体展示学校教学楼的图片，引导学生用英语词汇和简单句的五个基本句型来描述对学校的第一印象，学生喜不自禁地尽情表达自己对学校和英语的热爱，喜悦之情溢于言表。

在老师的循循善诱下，如下语句瞬间产生。xx Vocational School is a place where I will spend 3 years with my dear teachers and classmates. It is large in size. Besides，it has a beautiful campus with trees and flowers. What impresses me most is that all the classrooms are well equipped with bright lights and multiple media. It is such a good school that I like it a lot. So I will work hard together with my dear teachers and classmates.

（二）感悟生活中的人文美

著名教育家克莱顿·柯伦在《教学的美文》中指出："当教师更多地懂得了美学的素质怎样进入生活，当他们能够有意识地来完善、扩展这种美的方法时，他们就踏上了教学艺术之路。"

回顾 2020 年，全球发生了新冠疫情，作为一名英语教师要坚守自己的职责。从英语学习的角度，我们要多了解疫情相关的词句表达形式，多读相关文章，还要多思考，练习英语书面表达，如环保建议、英模事迹启示、给疫区同龄人的信等。虽然题目各种各样，但总体核心仍是考查学生与社会同频的思想品质。我们既要客观分析、理性表达，又要有人性化、人文化的关爱与温度。生活即教育，将教学活动置于真实的生活背景中，可让学生感到生活与学习是一体的。要引导学生在自己的生活中寻找、发现、探究、认识和掌握书本知识，学习新知识，发展能力，获得积极的情感体验，让孩子在生活中主动、不牵强、不刻意，在不经意间掌握所学知识，提升语言运用能力。

二、挖掘教材的潜在美

爱迪生说过"最能直接打动心灵的还是美"，因为爱美是人的天性。自然美、人文美能打动学生心灵，教师优美的语言则更有这样的力量。英语具有极其丰富的审美内容，是对学生进行美育教育的重要组成部分。现行的中职英语教材与就业紧密相连，题材新颖广泛，仅靠教材简单的听说读写已难以吸引中职生的眼球，因此，我们必须去拓展教学内容，深度挖掘教材，将语言材料变得更加富有吸引力，调动学生的好奇心，充分展现英语教材内容的魅力。

（一）感受情景之美

教师需要依据实际情况，遵循因材施教的原则，为学生构建真实的教学情境、良好的语言环境，促使中职学生在欢乐的氛围内学习英语知识。例如，学习 Go Out and Enjoy Life! 这一单元时，问路部分可利用地图或熟悉的街道，借助课桌将教室布置成公园、商店、医院等，给学生创设贴近生活的语言情境，从而掌握 Go straight on，Turn left，Cross the road 等表达方式。

教师在教学过程中，还要尽可能为学生提供丰富的语言材料和语境，将学生的生活经历与学习活动联系起来。教词汇时可以使用图片、实物、动作、表情，甚至几句简单的英语描述，让学生接收到新的词义，现代先进的多媒体技术为教材创设生活情景提供了便利。还可利用投影仪给学生呈现图片、视频，将学生的视觉感受和听觉感受结合起来，构成一幅幅视听立体画面，营造出各种不同的情景，使课堂更加生活化。这些美的教学手段，激发学生的学习热情，增强学生的学习兴趣，让他们从中感受美、创造美。

（二）渗透教材的文化之美

在现有的中职英语教材中包含了许多文化因素，如能充分利用好这一资源，将给课堂增加无穷乐趣。以颜色为例，由于历史文化背景、思维方式和审美心理的不同，不同颜色在不同语言中有不同的象征意义。例如，绿色在汉语里象征新生、希望、活力等，而 green 在英语里可以让人联想到嫉妒或稚嫩，例如：green with envy 表示非常嫉妒的，greenhorn 表示缺乏经验的，green hand 表示新手；蓝色在汉语里的引申义较少，但英语的 blue 却饱含意义，如 get the blues 表示忧郁，once in a blue moon 表示罕见，blue blood 表示出身贵族。汉语中的红色代表吉祥、如意，与"红"搭配的词大多为褒义，如"红火""红利""红娘"等；在英语中却相反，搭配的词大多为贬义，如 Red ink（亏损），Red flag（提示危险警告的旗）。此外，"红"在汉语中还具有"正义""革命"的含义，但在英语中却根本没有。同时，教师在教授关于西方文化节日的课程时可以进行拓展，潜移默化地增进学生对异域文化的兴趣。例如，在讲到圣诞节时，教师可以讲述关于圣诞节的起源、基督教的历史、圣诞节的主要活动等。又如，在讲到西方饮食时，教师可以比较东西方饮食文化的差异，并让学生归纳哪些是健康的饮食和生活习惯。在潜移默化中，学生渐渐形成一定的文化意识。教师也不再照本宣科，而是富有创造性地使用教材。

培育文化意识有助于激发学生学习兴趣、陶冶学生思想情操、提高学生人文素养，让中职学生学会做人做事，成长为有文明素养、社会责任感和工匠精神的人。

三、体验英语的应用美

苏霍姆林斯基说："美是一种心灵的体操，它使我们精神正直、良心纯洁，情感和信念端正。"要实现寓美于英语教学中，我们教师要坚持以美育人，关注孩子成长，每一门学科的老师都有责任在自己的学科教学中渗透美育教育。它与英语知识教学结合进行，教师要在教学中实现知识性与思想性的统一，在潜移默化中对学生进行人格和情感的美育教育。

（一）爱国主义熏陶美

高教版《英语》基础模块 1 Unit 6 Can I Take Your Order？围绕着在餐馆点餐展开话题。随着世界一体化步伐的加快，西方文化对中国的影响无处不在，尤其是饮食和传统节日两个方面。中国饮食文化博大精深，蕴含的文化已经超越了食物本身，具有更为深刻的社会意义。通过对比 western food 和 Chinese food，帮助学生了解中西餐及中西文化的差异和需要注意的餐桌礼仪。教师在课堂上组织学生自由讨论，从 staple food、snack、dessert、drink、tableware、people 等几个方面列举出中西餐都有哪些食物，并用词汇总结中西餐的差异。学生在讨论的过程中，能够体会中餐饮食文化中饮食品质、审美体验、情感活动、社会功能等所包含的独特文化意蕴。通过中西文化对比，帮助学生形成跨文化意识，同时学会批判性地接受外来文化，培养学生的爱国主义精神。

（二）创设活动中去体验美

随着经济的发展，社会现代化程度的提高，越来越要求劳动者具有较高的素质，职业理想教育对中职学生来说不可或缺。笔者结合《英语》基础模块 1 Unit 2 I Can Do It，通过头脑风暴的方式，让学生说出自己喜欢的职业名称，并结合实际谈谈这些职业所应具备的能力。活动结束后，学生对工作及能力方面的知识有了一定了解。结合 Reading and Writing 的学习，教师以 "Complete Your Resume in 2022" 为题让学生完成自己的简历。在此过程中，各个专业的学生能够意识到自己行业对从业者有哪些要求，并有一个清醒的职业规划。通过本单元学习，他们理解了工作的意义，建立了积极向上的工作态度，为将来顺利走上工作岗位提前做好准备。只有在活动中，引导学生将所学英语语言、文化知识转换为职业实际语言，既可实现学生语言应用能力的提升，又让学生在交流活动过程中充分体验英语语言的形式美、内容美、情感美，学生的审美能力也得到了提高。

总之，美是创新意识不竭的源泉，美无处不在。作为中职学校的英语教师要树立正确的审美观，具备浓厚的美育意识，能让学生发现生活的人文景物美，欣赏教材的潜在美，体验英语的应用美。这样在教育教学过程中就可以得心应手，把这些美丽深深渗透在学生心里。让学生们在英语学习的过程中感悟美、赏析美、体验美，也激发学生们的热情，使他们的综合素质得以提高。

【参考文献】

[1]　杨恩寰. 审美教育学 [M]. 沈阳: 辽宁大学出版社, 2007: 83–86.

[2]　方丽琴. 浅谈高职英语教学中的审美教育 [J]. 经营管理者. 2009.（9）: 234—235.

线上实操教学的可感美 [1]

勾 蕊

美育使学生获得美的熏陶,培养学生高尚的审美趣味、审美情感、审美理想,培养学生对美的感受力、鉴赏力、创造力,最终使人的个性得到自由发展。每位保育员都应独立做好餐桌的清洁、消毒工作,幼儿生活用具的整洁美、学生实操过程的劳动美、学有所成的收获美,都将美展现得淋漓尽致。"停课不停学"期间,如何在家掌握这项规范性强的工作?达到美育要求,通过案例中课前学习要求、课中活动、课后提升一探究竟。

一、明确课程学习要求,为课程开展铺色

(一)学习要求

为进一步强化美育育人功能,拓宽学生知识面,培养学生专业学习的兴趣,发展学生的能力和特长,促进学生综合职业素养发展,以保育员课程为依托,为学生美育教育助力。

准时签到,教师发出签到通知后,同学们依次签到,回复自己的姓名即可,签到时间2分钟,2分钟结束后未签到视为迟到。

教师会结合教学内容,发布必答题目和抢答题目,必答题目要求每位同学积极思考做出回答,抢答题目一经发出,同学们就可以抢答并提交答案,第一个抢答正

---

[1] 该文章获得北京市中小学第十三届"京美杯"征文一等奖。

确视为抢答成功。

教师会不定时指定某位同学回答问题，@谁，谁就回答，要求 2 分钟内完成指定问题回答，未参与作答则视为中途离场。

课程结束后，学生须在 2 分钟内签退。

（二）设计亮点及意义

1. 取消提前签到，选择课程开始的两分钟时间进行签到，准时参与课程活动体现规则美；

2. 确保学生参与课程活动的连贯性，规范课程学习考勤制度；

3. 抓住课程开始的黄金三分钟，将学生一同带进课程中，部分同学的学习热情可以带动全体同学。

（三）借用课程学习要求的严肃性，加强对学生课程参与的监管，稳步开展教学计划

课程要求是教师上课前提出的要求，得到学生的重视，学生记忆较为深刻。所以，借用课前要求的严肃性，学生多种方式回答必答题目、抢答题目、制定题目，实时监测学生课程参与情况，掌握学生课程参与进度，提高学生学习主动性，具有一定积极作用。

开展课程教学的前提是确保所有学生正在关注课堂，并跟随教师进行课程活动。学生全员参与后，共同向教学目标迈进，学生通过网络与教师进行交流，学习并掌握清洁、消毒餐桌的关键要领，独自进行规范的操作。

学习要求看似简单，但每一条都为网络教学的开展贡献力量。

二、课中活动结合专业特色，为专业学习增色

根据中职学前教育专业人才培养的定位，具备保育员专业知识和岗位技能，不仅是幼儿园保育员的入职要求，更是适应职业岗位的工作必备条件。餐桌是婴幼儿在幼儿园常接触的家具，规范完成清洁消毒餐桌工作，是保育员应具备的技能。中职高二年级学前教育专业学生，此前已掌握清洁消毒准备工作，能够按照要求配比

消毒水，但很少有机会消毒幼儿园物品。在校实训室模拟环境中学习尚且不容易，现在要利用网络学习清洁、消毒餐桌工作，更是带来困难。为解决学生上手实操机会少、网络教学不能全面覆盖学生操作过程的问题，教师结合学前教育专业学生专业特点，设计教学计划。

（一）教学流程

课前准备 → 榜样视频阶段 → 情境创设 → 明确任务 → 分析任务 → 任务实施 → 任务评价 → 任务小结 → 任务拓展

教学流程

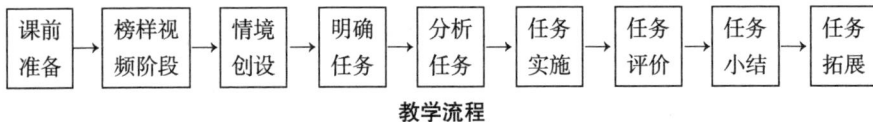

（二）设计亮点及意义

1.设计思路具有整体性、连贯性

因为网络教学对教学内容联系要求较高，教师在设计时，便将课前准备学习、课中学习、课后巩固环环相扣，即每个环节的设计都与前一个环节有紧密联系。这种内在联系，使学生学习思路无断点，能够与学习任务单相结合，不断在头脑中形成完整的思维导图，使学习内容更加清晰。

2.教学中不急于操作，关注难点攻破

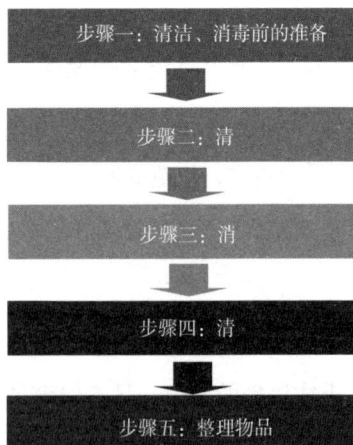

步骤一：清洁、消毒前的准备

↓

步骤二：清

↓

步骤三：消

↓

步骤四：清

↓

步骤五：整理物品

消毒餐桌工作步骤

分析学情我们了解到，学生实际动手操作的机会少，给要求很高的清洁、消毒餐桌工作增加了难度。因此在设计教学时，教师没有急于让学生实际操作，而是首先结合操作流程图，明确操作要求、操作步骤及操作关键点，确保学生积累了一定操作技能。突破难点之后，才让学生开展实际操作。

3. 结合专业特色，突出教学重点，突破教学难点，化繁为简

清洁、消毒餐桌工作程序烦琐，如果只是死记硬背操作流程，会让学生失去兴趣，缺乏思路，达不到课堂效果。为了突破难点，发挥学生优势，便结合专业特点，用简笔画展现文字材料。学生反复操作演练，最终熟悉完整的操作流程，头脑当中已经有了大致思路。这样再实操练习，就比较容易了，很快便能突破难点。

4. 学生互评，规范自我操作流程

学生按照评价顺序，依次评价视频。评价过程就是找到问题的过程，当学生能够明确找出其他同学的操作问题时，说明他能够注意操作中的关键点，便能加深印象，减少同类错误，使个人操作更加规范。评价的视频越多，找到的问题也越多，对自身操作的帮助也就越大。

5. 学生榜样案例做标杆，不断提升操作技能

课程伊始，展示 2019 年技能大赛学姐操作的风采视频，能给学生带来个人操作的信心。将学姐作为主人公，更能拉近与学生的距离。练习完毕后，不断评价其他同学的操作，对比榜样案例，规范个人操作。

三、课后提升展现学习成果，为学习效果添色

课后作业为录制清洁、消毒餐桌的规范性视频。学生如果想实现操作过程规范，需要复习学习要点，回看学姐视频，尽量避免出现其他同学操作过程中的问题，在课后练习时，不断练习与总结，最终达到规范。通过再次录制课后作业，展示学生学习成果，教师可以掌握学生学习情况，进一步完善课程设计，为下次课程提供可靠依据。

（一）树规则，初感规则美

课程从学习要求入手，学生出勤、关注、参与课程活动是课程活动开展的前提保证。学生回答多种多样的问题，比如必答题目、抢答题目、指定回答题目等，监

督、检测学生参与课程情况。

（二）重兴趣，寻求体验美

充分利用学生专业特长，寻找学生兴趣所在，用简笔画绘制清洁、消毒餐桌流程，使严肃、规整的操作流程变得生动活泼，学生不断在头脑中演练操作，最后实操，掌握操作流程。学生需结合课上学习材料分析，依据操作流程图，巧妙利用简笔画，突破难点。

（三）重过程，体验劳动美

课上学生通过文字材料学习，初步了解清洁、消毒餐桌过程及关键点。清晰展示操作流程，为学生总结操作框架，使得操作变得清晰明了。

但这远远不够，还需要在实践中判断操作是否规范。对比榜样视频和同学们的操作视频，找出问题，规范自身操作。

课后提升环节，提出录制视频的更高要求——录制操作规范的视频。学生需要结合课上学习经验，在课后进行练习，完成课后任务。掌握学生学习的情况，为改进课程及设计新课程提供依据。

课堂活动顺利展开的前提是有具体可感的教育主体，不管是自然、社会方面，还是艺术方面，都要有一个具体可感的主体。在这种意义上说，世界上真的不缺美，而是缺少发现美的眼睛，学生是发现美的主体。

【参考文献】

[1] 范鹏伟 . 高校美育课程教育的教学现状与改革实践 [J]. 艺术评鉴 . 2020（20）：100–102.

[2] 姜巍 . 高校美育课程教学现状及改革研究 [J]. 艺术科技 . 2018（05）：203.

[3] 包莉秋 . 通识教育视域中的大学美育课程改革 [J]. 教育评论 . 2011（03）：116.

[4] 崔秀菊 . 谈美育在艺术潜能中的开发——结合新课程改革美术教学实践 [J]. 艺术教育 . 2010（2）：30.

[5] 赵朝 . 提升美育效能探析 [J]. 中学政治教学参考 . 2019（36）：74.

以美育促进学生专业认同度提升 ①

——以通州区某中等职业学校学前教育专业学生为例

李彩霞

一、相关概念界定

（一）专业认同

"认同"在英语中对应的单词是 Identity，即"同一性"。从心理学的角度看，认同在研究中比较集中于认同与自我、认同与社会群体间关系的研究。从社会学的角度来说，认同就是自己对自身社会身份的确认和肯定。一般来说，会结合其社会角色、地位和利益等方面来进行专业认同度的探讨，如"我是谁""我在哪里""我能做什么""我有什么用处"等。往往是一种自我肯定，是对自身价值的肯定。

学前教育专业中职生的专业认同是指学前教育专业中职生在学习过程中逐渐形成对自身所学专业的感知和理解。目前，中职院校学前教育专业的培养目标针对性和实用性都很强，坚持立德树人，面向城乡各级各类幼儿园、早教机构，培养从事幼儿园保育、教育等工作，德智体美全面发展的高素质劳动者和技能型人才。这是社会对当今学前教育专业中职生提出的高水准要求，更是他们神圣的教育使命和社会担当。

---

① 该文章获得北京市中小学第十三届"京美杯"征文二等奖。

（二）美育

美育，又称美感教育。狭义专指艺术教育，广义则将美学原则渗透于各科教学，容易让人在实施过程中感到自由、愉悦和舒畅，不自觉受到熏陶。但这种引导不需要像知识灌输、道德说教、行政命令、法律制裁一样，从外面强加于人，而是在不知不觉中感染人、熏陶人、感动人、改变人的，学生会心甘情愿地接受教育，并且主动发生改变，因此用美育来促进学前教育专业中职生对专业的认同是可行的。

二、学前教育专业中职生的专业认同度现状及影响因素

（一）学前教育专业中职生的专业认同度总体偏低

笔者对该校不同年级的学前教育专业学生围绕专业认同进行过问卷调查和焦点访谈，总体来说，中职学校学生专业认同度偏低。高一的景某，在跟她聊天的过程中得知，她喜欢的专业是汽修，迫于家长的压力，学了幼教。胡某某钢琴十级已过，但文化课成绩较差，考不上高中，只能上职高。高二的黄某自己也不知道为什么学习幼教。高三计算机班的马某某喜欢数控专业，但他不能转专业，就只能继续学习原专业。

（二）专业认同度偏低的影响因素

1.学生自身因素

学生入学前对自身所报考专业的相关知识欠缺，大部分学生不了解自己所报考的专业，这种现象在一年级学生中表现尤为突出。在调查中，超过80%的一年级新生不知道自己需要学什么，未来就业方向是什么。再加上中职学生大都不爱学习，不愿意深入研究理论知识，对专业认同极为不稳定。有人因为学前教育专业开设舞蹈课，把学前教育专业默认为舞蹈专业，就报考了。等开学后才发现并不是这样，便失去了学习兴趣。个别学生在学校"混日子"，往往不能坚持到最后，经常出现半路辍学的情况。

2.对专业前景的担忧和不满

现在是知识经济社会，呼吁高学历，中职生本来就处于就业的相对劣势地位，

就业面相对较窄。当经历过几年的学习之后，他们对所学专业有了进一步了解，压力慢慢涌了上来，开始有换专业的想法。中职学校的学生大都年龄在 15～18 岁之间，大部分为独生子女，家庭条件相对优渥，过惯了"衣来伸手、饭来张口"的生活。当他们了解到未来就业情况及薪资待遇与预期目标有落差时，一向顺风顺水的他们便会对当前专业产生了不满。

3. 社会舆论造成的压力

俗话说"人言可畏"，社会舆论压力会影响中职生对自身专业的满意程度。当大家都认可一个专业时，都会认为它有前景，在选择专业时，就都会报考这个专业。当专业冷门时，学生就会有更多忧虑。现在学前教育是热门专业，很多职业学校都新增了相关专业，但是之前冷门，大家都不喜欢报考。另外就是人们对于学前教育专业有性别偏见，很多人认为学幼教的就应该是女孩子，如果男生报考幼教专业，就会被认为是"娘娘腔"，会被学校的同学用诡异的目光看待，这无疑会增加幼教男同学的心理负担，专业认同度不高也在所难免。

4. 家长、老师、同伴的影响因素

中职学生年龄偏小，涉世未深，缺乏对社会的判断能力。很多学生往往听取了老师、父母、同伴的意见去选择专业，而自身并没有做相关调查。然而后来，他们慢慢感受到自己并不喜欢现在所学的专业，对自己的专业不满意，便丧失了兴趣。

5. 学校专业设置的因素

职业教育虽然在进行一系列调整和改革，但在人才培养模式和学科设置、课程安排以及教学内容等方面仍需改进。目前存在的最大问题就是学校教育和社会需求脱节。社会是飞快向前发展的，人才需求也在更新换代，而目前学校课程设置仍理念落后、更新慢，脱离社会实际需求，导致学到的知识并不能在现实生活中发挥实际作用。

三、以美育为途径，提高学前教育专业中职生的专业认同度

（一）通过艺术类课程和社团活动，培养专业自豪感

学前教育专业有很多艺术类课程，舞蹈课注重形体美、韵律美；音乐课注重声

音美、表情美；美术注重色彩美、构图美；手工注重创意美、创意美。在艺术类课程的熏陶中，学生不知不觉提高了艺术修养。举办艺术技能大赛，一方面可以提升学生专业能力，使之建立自信；另一方面也为校争光，为专业争荣誉，提升学生专业自豪感。缤纷多彩的社团也成了学生展示自己的平台，话剧社、舞蹈团、影视小组、合唱团、轮滑队、武术队等，如雨后春笋般涌现，成为校园里一道亮丽的风景线，在各大型活动中更是崭露头角，学生为自己的表现而自豪。

（二）组织观看教育题材影视作品，感受专业魅力

目前，有很多优秀的教育题材电影，这些电影有的展示了一名教师的教育信仰和高尚人格，有的体现了教师敢于同传统教育作斗争的精神和勇气，有的体现了教师的无私奉献精神，有的关注了教育者的成长过程。这些能够给学生以教育美、教师美的熏陶，增强教师角色感，不知不觉中激发他们的责任感和使命感，增强对所学专业的认同度和对未来教师职业的荣誉感。

（三）寻找榜样的力量，以情育情

在中外学前教育的发展史上，有很多取得突出贡献的教育家，如蒙台梭利、福禄贝尔、陈鹤琴、张雪门等，他们留下了很多感人的故事。榜样的力量是无穷的，学生可以深入了解教育家的成长历程，体会大师成长路上的苦乐和困惑，感悟大师对教育事业的热爱和执着追求。他们高尚的师德一定能够触及学生心灵的某个角落，以情育情。

（四）阅读学前教育经典著作，提升专业素养

阅读经典著作是学生提高自身专业素养、培养专业认同的重要途径。经典的学前教育著作可以引发学生对当下幼儿园的教育现象进行深入理性的思考，积极探索学前教育的发展规律，帮助他们形成自己的观念。幼儿园教师是一个需要充满爱心、耐心的职业，幼儿模仿性学习的特点又影响了它的示范性，要求教师言传身教。阅读经典，吸取精华，内化行动，提高自己的学术修养，为未来走上教师岗位储备知识、积累经验。

【参考文献】

[1] 宋淑君.中职学前教育专业学生专业认同的现状研究——以 T 市一所中等职业学校为例 [D].石家庄：河北师范大学，2020：8-25

[2] 秦攀博.大学生专业认同的特点及其相关研究 [D].重庆：西南大学，2009：8-21

[3] 戚涵钰.中职生专业认同、学业投入和职业价值观的现状及其关系研究 [D].成都：四川师范大学，2020：9-16

提高学生心理素质，向"美"的人生发展[①]

王 丽

一场突如其来的疫情，打破了原本快乐的寒假生活。每天不断播报的新闻、不断变化的数字，无时无刻不牵动着我们的心。延期开学，不能如期到校上课，学生的身心受到了很大的影响。心理素质是帮助学生正确处理学习、生活、择业和人际关系，培养健全人格的有力手段。职业教育阶段作为学生学习技能和人生积累阶段，对未来发展有着至关重要的作用。

在这样一个特殊时期，我们需要让学生全面认识自己，提高自我教育能力；树立正确的人生态度，始终保持乐观向上的心态；需要塑造完整人格，引导树立积极信念，提高心理素质。

我校学生的心理素质如何呢？通过问卷、座谈会、心理观察室观察员的访谈等形式进行调查，我发现，我校学生存在厌学、抑郁、单相思、出走等现象。有41.5%左右的学生心理异常：其中心理抑郁的占10.7%，心理烦躁焦虑不安的占9.8%，心理孤僻的占6.2%，有不良情绪的占11.5%，其他类型的占3.3%。一部分是自认为学习比较好的学生，来到职高，便觉得低人一等，认为没有前途，被家长、同学、社会看不起，情绪一落千丈，心情忧郁、沮丧，难以自拔。而一部分学习差的学生来到职高后，破罐子破摔，逃避集体，不愿意参加集体活动、受学校纪律的约束，行为孤僻，有的甚至染上不良习性。学习积极性差，缺乏良好的学习习惯，不重视学

[①] 获北京市中小学第十三届"京美杯"二等奖。

习。班级的大部分学生对未来都有怀疑，不敢承认自己的实力，缺乏不自信。有的学生心理素质十分脆弱，入学后参加军训，只训练了一天就要回家，无论怎样做思想工作都不行，只有一句话"我回家"。有的学生在家中受到父母无微不至的关怀，衣、食、住、行样样都照顾，这样的学生自理能力都比较差，遇到问题不知所措，也有很多独生子女不会与他人交流，性格孤僻，不爱说话，个别学生还有说谎的习惯。另外，由于学生缺乏社会阅历，生活一直比较顺利，缺乏社会磨炼，在学校一旦遇到挫折、失败，便难以承受，颓丧消沉，失去斗志。

针对我校学生的心理素质状况，学校采取了多种形式的教育活动。

（一）以活动教育作为帮助学生提高心理素质的主要途径

心理教育的根本宗旨是促进学生心理的良好发展。要想完成这个目标，就必须充分唤起学生的主体活动意识，让学生积极主动地参与各种各样的活动。学生的活动形式很多，如游戏、学习、交往、劳动、文艺体育和社会实践活动等，它们构成了丰富多彩的世界，使得他们心理健康地成长。在这里，学生是活动的主体，心理发展这把钥匙就掌握在学生自己手上。根据活动特点，我与学校心理教师合作，在全校征招100名自愿参加实验的学生。其中有学习成绩优秀的，有平时爱说爱笑但不爱学习的，各年级人数均不等。在不知目的的情况下，利用学生课余时间协助团委完成整个活动。本次实验活动为"我说能行，就能行"活动，内容为默写50个英语单词，记忆时间为一周。根据调查，在这100名学生中，有15名学生喜欢学习英语，占总人数的15%，而85%的学生均不同程度讨厌英语学科。起初大部分学生均认为自己不能在一周内完成此项任务，在任务实施期间，每天均有固定30分钟学生同教师一起上课，课前2分钟教师要求学生大声地说出"我能行"，并要求学生心理同样默认，然后教授与监督。一周后，测试结果如下：

"我说能行，就能行"活动结果

单词个数 学生人数	50个	49～45个	44～40个	40个以下
达到的人数	45人	35人	13人	7人
占总人数的百分比	45%	35%	13%	7%

通过本次活动，我们不难看出，只要学生拥有自信，就没有什么事情办不到，我认为自信就是一切。实验中的百名学生也从本次活动中得到了很大的启示，很多学生得到肯定与帮助，他们中的一些人也发生了改变，无论思想还是学习都进步了很多。

(二) 合理应用心理咨询室，开展心理辅导与咨询工作

中职学校成立心理咨询室，心理健康教育工作由专职心理辅导教师负责，全体教师共同参与。正规专业的心理辅导教师帮助学生疏导不良情绪，教育正确的三观，真正帮助学生走出黑暗。通过引导和鼓励，多发现他们的闪光点，帮助他们在分析问题的基础上，亲自找到解决问题的对策。注意学生行为习惯的训练，用严格的纪律制度规范其行为，帮助学生一步步改正不良行为，养成良好习惯。

通过学校的心理讲座，学生得到了身心帮助，促使他们得到更好的发展。总之，心理素质教育中主动培养学生良好的心理素质，这是根本任务，是最重要的内容，也是开展心理适应性教育的前提。心理发展性教育既需要专门的心理课程、心理辅导、心理咨询等专门活动，更应当融入常规教育、教学活动中。心理适应性教育是心理发展性教育的必要组成部分，也是学生心理素质健康发展的基本保证，通常依靠心理教育课、心理讲座、心理咨询以及讨论、辩论、角色扮演、现场实践等活动来实施。

(三) 给予空间，充分满足自我表现欲，增强自信心和责任感

处于青春初期的现代少年，自我意识逐渐觉醒并迅速发展，学生特别关心自己的形象。他们特别关心别人对自己的看法，被人尊重的欲望比过去任何时候都强烈，自我表现的愿望十分迫切，愿意在别人面前展示自己的才华，希望获得成功。我为学生安排了许多展示自我的机会，为具有不同特长的人才提供舞台。在"春季篮球赛"的活动中，不仅加强学生体育锻炼，而且提高学生的集体观念和合作意识，给予他们施展空间。宣传最美逆行者和通州区垃圾分类，在"新时代，新中职生"思想大讨论活动中橱窗宣传展览，发挥学生的创造力和想象力。在"红五月"歌咏比赛中，是爱好声乐学生的音乐殿堂。活动形式多种多样生，使学生的聪明才智和创

造力得到充分的发挥，满足他们的表现欲，让学生在活动中更加了解自己、欣赏自己、相信自己。

随着学生年龄的增长，他们开始懂得个人与社会的关系，个人属于社会，任何人都离不开社会，社会是由人组成的，个人作为社会成员，应积极为社会做出贡献，每个人都应当对自己的学习、生活、家庭和社会承担责任。教育活动不仅要唤起现代青少年对心理健康教育的重视，还要唤起学生对自己、对家庭、对社会的责任感。比如，疫情期间组织"我为白衣天使"献首歌，在母亲节为妈妈做一件力所能及的事，父亲节那天亲口对爸爸说声"我爱您"，教师节对老师真诚微笑等。这些活动使他们明确家庭的作用以及自己的责任，让他们懂得自己也应该为家庭做出自己的贡献，承担力所能及的家务，参与缓解家庭矛盾，创造家庭乐趣。

作为教师，我们要不断丰富自我，做创造性的教育教学工作，真正做到"教书育人"，用教师的人格魅力去影响学生，促进学生心理健康。开展有益于学生心理健康的各种活动，有利于培养学生良好心理素质。针对学生意志品质薄弱、不愿吃苦的缺点，有计划地开展各种形式的教育活动，在春游活动中组织爬山，锻炼他们的意志品质，进行爱国主义教育，磨炼他们吃苦耐劳的精神。在生活中，及时和学生沟通，发现每一个人的闪光点，将关心爱护与严格要求合为一体。老师和学生同甘共苦，增进师生情谊，增进了解，加强班级团结，锻炼学生吃苦耐劳的精神。

平时我们总是一遍遍教育孩子要养成助人为乐的好品质，但受主客观因素影响，学生出现了道德认识上的危机，为此，我校团委组织了这样一堂活动课，让学生在参与中感知，并达成共识。两个学生为一组，一个扮演盲人，另一个牵着他的手做一系列的动作，如打开门，引导他坐到座位上。但之后出现了一些问题，有的同学会磕碰桌子，动作生硬。但乐于助人的同学，就表现得很细心，如上台阶等，接下来两人角色互换。这一次他们明显有长进。两人谈体会。"盲人"说无助、焦虑、没有安全感，当有一双手伸来时，便立即感到一股暖流；牵引者说有种被信任、被寄托的光荣感。这一小小的活动，让学生感受到了弱者的处境，感知到了自己的价值，品尝到乐之所在。

在竞争中培养学生的意志品质。当代青年要适应社会，立足社会，必须引导学生尽快树立竞争意识，积极投入社会竞争。只有在竞争中磨炼自己坚强的意志品质，才能在未来的社会中站稳脚跟。在竞争中，要帮助学生制订出符合自身条件的竞争目标，充分调动自己的潜在能力，发扬顽强拼搏的精神。对学校组织的竞赛活动，要动员学生积极参加、刻苦训练，既要有敢于取胜的胆略，又要有承受失败的勇气，培养学生勇于进取的意识和不怕挫折的意志品质。

通过以上教育活动，我校学生心理素质均有了不同程度的提高，尤其是自我意识、自尊心等方面。据不完全统计，心理抑郁、孤僻下降了 2 ～ 4 个百分点，心理焦虑、不良情绪下降了 4 ～ 6 个百分点。健康心理受多方面因素影响，因此，心理教育不能孤立进行，必须与思想、道德、文化等素质教育同步。

具有健康心理是当今新形势下对现代人才提出的更新、更高的要求，而当今我国中职学生的心理素质不高，我校也不例外，所以，必须采取行之有效的方法，注意培养中职学生具有健康的心理素质。国家发展有赖于教育发展，教育发展目标的实现又必须依靠各级各类学校所培养出的人才质量，心理素质教育也是提高人才质量的重要保证。因此，加强学校心理健康教育，提高学生心理素质，是我们教育工作者刻不容缓的任务。

【参考文献】

[1] 张靖婕.浅谈学生心理素质的培养.教育实践与研究[J].河北师范大学学报，2017（36）：47–48.

[2] 郭林霞，郭静.提高学生心理素质，加强学生心理健康教育，第 1 期，伊犁师范学院学报（自然科学版）2009（1）：79–80.

巧用心理学提高体育课的教学质量[①]

吕建新

体育活动中的一切活动都是在心理调节下进行的，中学生动作技巧的掌握和心理素质的形成都要通过个人认知和意志强化来实现。如何在课堂中抓住学生特性来提高课堂效率，激发学生对体育课的热情？这和引导学生主动参与，并提高体育教学质量有很大的关系。下面具体谈谈笔者在体育教学中运用心理学提高教学质量的三点体会。

一、运用注意规律提高教学质量

注意分为无意注意和有意注意。无意注意是一种没有自觉目的。也不需要意志努力的注意。每节课刚开始，学生注意力往往分散，教师可先从集合队形入手，用不断变换的队形、清脆的哨音、洪亮的口令，吸引学生的无意注意，集合带队并交代任务。有意注意是有预定目的。在必要时还需要意志努力的注意。在上课时可以利用学生"好新"的心理需求，来激发学生的有意注意。体育课集合队形一般是4列横队，学生觉得单调，便可引导学生去思考集合队形可以怎样变化，同学们便开动脑筋想办法、提意见，我们大都采纳。有些意见虽然最终不被采纳，也要鼓掌祝贺。这样就由原来的4列横队，变成了4路纵队、6路纵队、8路纵队等，隔一段时间换一种自主设计的队形，学生兴致高、精神面貌好。自己的意见得到老师、同学

① 该文章荣获北京市中小学第十三届"京美杯"征文二等奖。

的赞扬，便对体育课也充满了信心，上课时也就能够自然地集中注意力了。这便是注意规律的用处。

二、运用记忆规律提高教学质量

记忆是一个人在生活实践过程中吸取和巩固新的知识经验，在有关情况下提取已有的知识经验的过程。在体育教学中，加深学生记忆可提高体育教学的实效。学生看完教师前抛实心球的示范动作，练习时可以想起教师的动作，教师提问时学生可以复述，练习或考核时会运用，这就是记忆的作用。

记忆的基本过程包括识记、保持、再认和重现四个过程。识记是记忆的第一步，是对外界事物的反映，识记质量的好坏直接影响记忆保持效果。识记分无意识记和有意识记，无意识记是没有预定目的。也没有专门识记方法的记忆方法。教师在讲解球类战术时，播放比赛录像，加深学生的无意记忆。在体育教学中应当增加无意识记的成分，以引起学生浓厚兴趣，事半功倍。有意识记是具有预定目的和专门方法的识记，在识记过程中需要意志努力，譬如，想要跳得远，就必须记住跳远的动作要领。每次课前，教师都会对学生提出一定要求，例如在进行篮球原地单手肩上投篮练习时，不能任凭学生自主学习，可以在讲解和示范前告诉学生下节课要提问动作要领、检查完成动作质量等，促使学生有目的地去听去看，把注意力集中到老师的讲解和动作示范上。但同时要注意的是，有意识记消耗精力较大，在教学中应当指导学生将两种识记方法结合起来，合理运用并结合两种识记任务。笔者曾通过观看美国 NBA 球星单手肩上投篮动作对同年级 A、B、C 三个情况基本相同的班级进行比较，如：

单手肩上投篮动作

班 级	A 班	B 班	C 班
提出的要求	明确要求	提出要求	不做任何要求
两周后掌握动作（%）	81	54	36

从上表我们可以看出对各班所提出的要求不同最终所得到的效果也是完全不同的，经检验，A 班和 B 班的差异显著（P 0.05），A 班和 C 班的差异极其显著（P

0.01），B 班和 C 班的差异显著（P 0.05）。这充分说明，运用识记规律可提高体育教学质量，提高体育教学的实效性。

学生在回忆动作要领的时候，可能会遇到较大困难，需要一定努力才能回忆出来，我们就称它为重现。我们在每次复习课之前，首先提问学生上次课学过的内容，如"蹲距式跳远是由哪几个环节组成的""腾空步的动作要领是什么""跳得远必须解决哪几个问题"等。如果学生回答不完整，教师再进行必要的纠正和补充，就可使学生认真回忆所学过的跳远动作，加深他们对正确动作的记忆，使他们避免或尽量降低错误频率。在练习和比赛时，重现动作，能加深动作技术概念和体会，对学生学习、比赛很有帮助。笔者曾对初二年级两个基本情况相同的班（A、B 两班）男生进行了对比。如：

练习蹲距式跳远

班级	A 班	B 班
是否提出重现动作要领的要求	是	否
跳远优秀率（%）	45	28
跳远及格率（%）	98	76

经检验，A 班和 B 班的差异显著。我们可以清楚地看出是否对学生提出重现动作要领的要求，将会影响到学生对动作的掌握程度，也将影响到学生的成绩好坏。

三、根据学生的好胜心理提高教学质量

针对学生的好胜心理，一改传统的体育委员由班主任或体育教师指定的方法，采用"竞选"的方式选体育委员和组长。学生即兴演说，提高威信，获得支持，走向成功。好坏并不重要，重要的是主动性能够从中得到培养。新学期开始后的第一节体育课一般都上室内课，通过"提名——演讲——投票"的方式选出学生作为体育委员或组长。对于能即兴发挥的学生，老师要带头鼓掌表示祝贺，其往往会认真协助你管理好班级，在无形中提高教学质量。

综上所述，我认为体育教师在教学和训练的过程中，除了要精通动作的技术外，还要掌握学生的心理特点，巧妙地将心理学应用于教学之中。用符合学生心理规律、

激发学生参与热情的教学手段，因势利导，切实提高体育教育实效性，提高体育教学质量。

【参考文献】

[1]　体育心理学教材编写组 .《体育心理学》[M]. 北京：高等教育出版社，1995（3）.

[2]　皮连生 .《学与教的心理学》[M]. 上海：华东师范大学出版社，1999（2）.

让学生走出课堂

——我在中职语文教改中的尝试 [①]

张 旭

一、中职语文教学的意义

吕叔湘先生说："学好语文是学好一切的根本。"语文是最重要的交际工具，是人类文化的重要组成部分。

《中等职业学校语文课程标准》指出：中等职业学校语文课程是各专业学生必修的公共基础课程，其任务是在义务教育的基础上，进一步培养学生掌握基础知识和基本技能，强化关键能力，使学生具有较强的语言文字运用能力、思维能力和审美能力，传承和弘扬中华优秀文化，接受人类进步文化，汲取人类文明优秀成果，形成良好的思想道德品质、科学素养和人文素养，为学生学好专业知识与技能，提高就业创业能力和终身发展能力，成为全面发展的高素质劳动者和技术技能人才奠定基础。

二、中职语文教学的现状

中职学校的学生绝大多数是普通高中的落榜生，有的学生认为语文课和专业是两码事，所以只注重专业课成绩，对文化基础课缺乏主动性和学习兴趣。

---

① 该文章获得"京研杯"教学研究成果三等奖。

由于中职学生没有升学压力，语文课堂缺乏热情、激情，教学模式化，语文老师也成了学生的"催眠大师"。

三、走出课堂的尝试

中职学校的文化课教学有自身的特点，不同于普高的教学，不必围绕高考教学，具有较大可操作性和灵活度。

宋代陈颐说："未见意趣，必不乐学。"我在中职语文教学过程中，准确定位学生特点，从学生实际出发，积极转变教育观念，将教学重点转移到学生兴趣、素质等方面的培养，多次尝试"走出课堂"的教学方式，逐步提高学生学习积极性，取得良好效果。

（一）走出课堂，来到校园

学生学习生活几乎都比较单调，很少接触社会，缺乏对社会的认识。我在教学中，努力有效地运用"走出课堂"的教学方式，把课文的有关内容通过直观、生动的画面反映出来，化抽象为形象，化静态为动态。

在学习《离太阳最近的树》时，让学生走出课堂，来到校园，坐在大树下，感受夏日的清凉与清新空气。同时，利用平板电脑播放雾霾、沙尘暴、水源污染等生态环境的影像，让学生能够直观感受现实生活的场景，唤醒学生的环保意识，强化学生的环保紧迫感，激发学生的学习兴趣。

（二）走出课堂，走进实训室

根据语文大纲内容，顺应语文教学发展趋势，要求中职语文教学具有双重职能：既要提升学生文化素养，又要结合专业服务。因此，在语文教学过程中，应根据各专业特点，制定具有专业特色的语文教学目标，使其与学生专业巧妙地联系起来。

在学习《劝学》时，为打消学生抵触心理，便根据专业特点，灵活运用"走出课堂"的教学方式。针对计算机专业的学生，第一课时，让学生走出课堂，来到机房，将课文内容作为练习材料，进行录入比赛，寓教于乐。在学生练习、竞赛的过程中，既了解课文内容，感受语言魅力，又体验竞争乐趣。针对数控专业的学生，展示精美数控作品作为第一课时导入，增加学习语文的兴趣，第二课时讲解文章，第三课时则走出课堂，来到数控车间，让学生加工一件作品，体验作业过程，从中体味课文内涵，并启示做事要循序渐进、坚持不懈、用心专一。

（三）走出课堂，走进礼堂

新课程下的好课，应明确体现在课堂教学主体——学生身上，要求教师转变观念、转换角色、精心设计，提供适合学生兴趣和自我发展的、具有开放性的学习空间，搭建一个让学生充分展示自我、发展自我的平台，让学生走进礼堂，让学生充分展示自我。

课本剧表演。由学生分头准备，选择学过的小说、戏剧排练成课本剧，进行比赛。这种方式非常自由灵活、不拘一格，很能展示学生自编、自导、自演的才华，如小说《哦，香雪》片段、《项链》片段，话剧《雷雨》（节选）等。

诗歌诵读比赛。小组准备，按主题分类，选择一首最喜欢的诗；组内交流，评选出优秀者；走上舞台进行比赛，展示自我；最后进行经验交流，相互促进。

（四）走出课堂，走进家庭

近些年，在与学生的接触过程中，发现越来越多的学生已经很少与父母沟通和交流了，亲子关系越来越疏远。

在教学过程中，可以安排一些环节，让学生回家完成相关任务，以此改善学生与家长之间的关系。如《我的母亲》的作业布置上安排学生回到家与家长交流，完成一张"妈妈档案"；学完《士兵突击》后，安排学生回家聊聊家长当年看这部电视剧的感受、对人物的评价等，并做好记录。

将这些本来可以在教室进行的语文课迁到其他地点，学生普遍有一种新奇感、超脱感、释负感、他们变厌学为愿学、变苦学为乐学，参与的热情异常高涨，在轻松快乐的气氛中，不知不觉就提升了综合能力。

"亲其师，则信其道。"学生对语文课越感兴趣，就越认可、信任老师，接受老师的教育，那么，语文教学目标也将逐步实现。

为提高中等职业学校学生学习语文的积极性，老师要根据学生和专业的特点，积极进行教学改革，大胆、灵活运用多种教学方式，着力培养学生学习语文的能力，完成中职学校语文教学任务。

【参考文献】

[1] 程明凤.如何提高学生学习积极性——改变技校学生厌学现状的思考[J].职业，2010（35）：61.

[2] 姚洁.中职语文教学与专业结合的实践研究[D].云南师范大学，2015：3-19.

[3] 苏使如.中职语文课堂教学开放性探索[D].广州大学，2013：6-17.

浅析中职单片机技术及应用课程创新性课堂教学模式的创建 [①]

刘晓艳

　　培养学生的创新精神和实践能力是素质教育的重点，而实施素质教育的主渠道、主阵地就在课堂，陈旧的、传统的课堂教学无法适应新的教育理念。为树立现代教育观念，促进学生全面发展，培养学生创新意识和创新思维，有必要构建一种新的课堂教学模式，即创新性课堂教学模式。

　　创新性课堂的创建需要学生具备创造性思维，而创造性思维可以在特殊环境里通过特定过程来培养。环境的特殊性主要表现在：能够提供大量的资源；能够引发多视角、多角度的思考，能够描述想象与细节；能够保证学生思维的独立性；能够促进学生创造性人格的形成。单片机技术及应用课程教学环境正好具备这些特殊性的环境。

一、项目引导下的多任务驱动教学

（一）项目引导教学

　　项目引导教学法建立在认知主义学习理论基础上，是对"先理论、后实践"的传统教学方式的变革。这一教学方式把实际问题的解决作为教学目的，完成知识的获取和能力的培养。在中职单片机课程中，以项目引导组织并开展教学，通过理论

---

①　北京市教育学会创造教育研究会 2018 年教育教学成果二等奖。

与实际工程项目的有机结合，加强对理论知识的理解，并激发学生的学习兴趣。

（二）任务驱动教学法

任务驱动教学是建立在建构主义理论基础上的互动式教学方法，把教学内容隐含在精心设计的任务中，让学生分析任务、发现问题、解决问题，培养学生的创新意识、创新能力和良好的学习习惯。任务驱动式教学法促进由教师为中心的传统模式转向以学生为中心的研究性教学模式。

（三）项目引导与多任务驱动结合

把项目引导与任务驱动教学有效融合，以工程项目为载体，细化为一系列独立任务，把具体任务实施当作目标实现的手段，更好地发挥两者在教学中的作用。而多个任务引入，一方面将整体目标化整为零，具有更好的可实施性；另一方面精心设计的多个任务对课程理论知识的覆盖更全面，便于教学过程中的分子实施，培养学生团队合作解决实际问题的能力。

二、项目引导下的多任务驱动教学在单片机课程的应用

单片机是指一个集成在一块芯片上的完整的计算机系统，单片机内部包含了中央处理器、控制器、存储器、输入输出设备、定时计数器等。单片机技术已渗透在我们生活的方方面面，从电饭煲、电冰箱、洗衣机，再到电子秤、电视机，无所不在。单片机技术及应用课程的学习势在必行，但本课程要求学习者具有灵活的编程思维和清晰的编程思路。所以，需要教师在上课过程中能调动学生的积极性，让学生主动思考。传统课堂教学无法实现课程教学目标，为使刚接触电子专业的中职生爱上头疼的单片机编程，本课程引入项目引导下的多任务驱动教学模式。

（一）项目的提出

每年五月的第二个周末是母亲节，孩子们最关心送给母亲什么样的礼物最有价值、最有意义。完成单片机指令语言的学习后，我便向同学们提出了单片机编程的第一个项目，亲手制作最有爱最代表孩子们成长的母亲节礼物——循环点亮心形流水灯。

（二）项目引导下的多任务布置

为完成母亲节礼物，将循环点亮心形流水灯项目分解成如下多个任务：

1. 理解心型流水灯原理并用 Proteus8 模拟软件绘制心型流水灯电路图。

2. 根据心形流水灯电路原理给出循环点亮心形流水灯的编程思路。

3. 将编程思路以指令语言的形式表达出来，并整理为一个完整的程序。

4. 将程序输入至 KeilC 编程软件中进行调试修改，直至没有错误。

5. 将没有错误的程序下载至心形流水灯电路图中的 80C52 单片机中，并用 Proteus8 模拟软件完成心形流水灯的循环点亮。

6. 将循环点亮的心形流水灯配上音乐、文字等制作成精美的视频，在母亲节当天送给亲爱的妈妈。

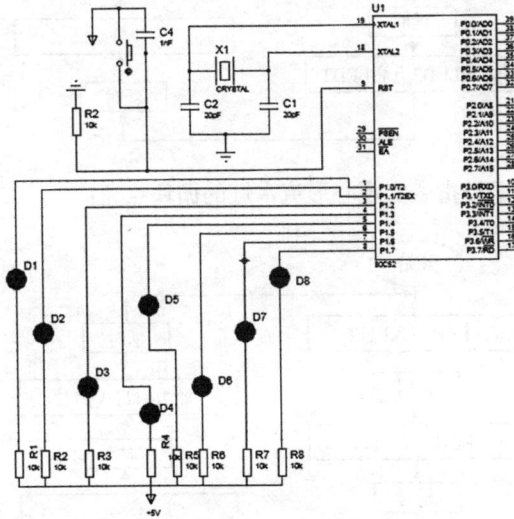

绘制心型流水灯电路图

（三）任务实施

1. 学生分为三个小组，以小组为单位，由组长负责。

2. 分析心形流水灯电路原理：当 D1 灯亮时，P1 口取值为 11111110（FEH）；当 D2 灯亮时，P1 口取值为 11111101（FDH）；当 D3 灯亮时，P1 口取值为 11111011

（FBH）；当 D4 灯亮时，P1 口取值为 11110111（F7H）；当 D5 灯亮时，P1 口取值为 11101111（EFH）；当 D6 灯亮时，P1 口取值为 11011111（DFH）；当 D7 灯亮时，P1 口取值为 10111111（BFH）；当 D8 灯亮时，P1 口取值为 01111111（7FH）。

3. 各小组完成心形流水灯电路原理图的绘制，并调试修改至 0 错误。

4. 各小组根据心形流水灯电路原理，给出不同的编程思路。

（1）使用位状态指令实现心形流水灯的循环点亮：

（2）使用数据传送类指令实现心形流水灯的循环点亮：

（3）使用循环移位指令实现心形流水灯的循环点亮：

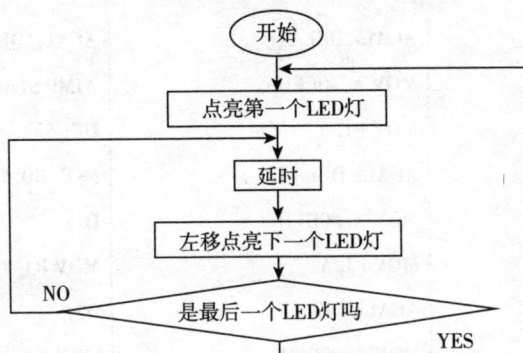

```
                    ┌─────────┐
                    │   开始   │
                    └─────────┘
                         │
              ┌──────────────────────┐
              │   点亮第一个LED灯      │
              └──────────────────────┘
                         │
              ┌──────────────────────┐
              │        延时           │
              └──────────────────────┘
                         │
              ┌──────────────────────┐
              │  左移点亮下一个LED灯   │
              └──────────────────────┘
                         │
    NO       ╱─────────────────────────╲
  ◄──────── ╲  是最后一个LED灯吗        ╱
             ╲─────────────────────────╱
                              YES
```

5. 各小组将编程思路以指令语言的形式表达，整理成完整程序。

（1）使用位状态指令实现心形流水灯的循环点亮参考程序：

START:	CLR P1.3	ACALL DELAY
CLR P1.0	ACALL DELAY	SETB P1.6
ACALL DELAY	SETB P1.3	CLR P1.7
SETB P1.0	CLR P1.4	ACALL DELAY
CLR P1.1	ACALL DELAY	SETB P1.7
ACALL DELAY	SETB P1.4	ACALL DELAY
SETB P1.1	CLR P1.5	AJMP START
CLR P1.2	ACALL DELAY	DELAY:
ACALL DELAY	SETB P1.5	MOV R0, #255
SETB P1.2	CLR P1.6	D1:
MOV R1, #255	DJNZ R2, $	END
D2:	DJNZ R1, D2	
MOV R2, #7	DJNZ R0, D1	

（2）使用数据传送类指令实现心形流水灯的循环点亮参考程序：

```
START:              ACALL DELAY         ACALL DELAY

MOV A, #0FEH        MOV A, #0EFH        AJMP START

MOV P1, A          MOV P1, A          DELAY:

ACALL DELAY         ACALL DELAY         MOV R0, #255

MOV A, #0FDH        MOV A, #0DFH        D1:

MOV P1, A          MOV P1, A          MOV R1, #255

ACALL DELAY         ACALL DELAY         D2:

MOV A, #0FBH        MOV A, #0BFH        MOV R2, #7

MOV P1, A          MOV P1, A          DJNZ R2, $

ACALL DELAY         ACALL DELAY         DJNZ R1, D2

MOV A, #0F7H        MOV A, #07FH        DJNZ R0, D1

MOV P1, A          MOV P1, A          END
```

（3）使用循环移位指令实现心形流水灯的循环点亮参考程序：

```
STA：

MOV A, #0FEH

MOV P1, A

MOV R0, #07H

LOOP: RL A

MOV P1, A

ACALL DELAY

DJNZ R0, LOOP

AJMP STA

DELAY：

MOV R0, #255

D1：

MOV R1, #255

D2：

MOV R2, #7
```

```
DJNZ R2, $
DJNZ R1, D2
DJNZ R0, D1
END
```

6. 各小组分别将以上程序输入至 Keil C 单片机编程软件，并进行程序的调试修改，直至没有错误出现。

7. 各小组分别将没有错误的程序下载至 Proteus8 模拟软件心形流水灯电路图中的 80C52 单片机，并用 Proteus8 模拟软件完成心形流水灯的循环点亮。

8. 各小组分别将循环点亮的心形流水灯配上音乐、文字等制作成精美的视频，母亲节当天送给亲爱的妈妈。

（四）任务小结

1. 各小组分别使用三种不同的方法实现了心形流水灯的循环点亮，确定是否还存在其他方法。

2. 程序调试过程中主要出现以下问题：

（1）单片机指令语言出错：位状态指令实现心形流水灯的循环点亮时，将 P1 口相应位置 1 时，有的同学使用了 CPL P1.0 或者 INC P1.0 指令导致程序出现错误；

（2）在使用数据传送指令实现心形流水灯点亮时，相应灯点亮对应的 P 口数值算错，导致心形流水灯没有实现循环点亮，而是蹦跳点亮，这也引出了另一个单片机编程项目——花样流水灯的实现。

（3）在循环移位指令实现心形流水灯点亮时，内循环次数给错，导致心形流水灯循环亮 6 个或是出现错误。

（4）延时时间设置不合理，导致灯长时间不循环或全部点亮，肉眼无法识别灯的循环。

（五）任务评价

在任务评价过程中，需要多维度完成自我评价、组长评价和教师评价：

任务评价

项目	☆☆☆	☆☆	☆	自我评价	同学评价	教师评价
任务准备	熟练掌握指令语言；理解电路原理图；独自绘制程序流程图。	掌握指令语言；初步理解电路原理图；小组合作绘制程序流程图。	理解指令语言；读懂程序流程图。			
任务实施	能独自编写流水灯程序并对程序进行修改调试直至无误。	小组合作完成流水灯程序设计以及程序的修改调试。	能够根据程序流程图给出相应的指令语言。			
小组合作	善于与人合作并积极帮助别人。	能与人合作并接受别人的帮助。	缺乏与人合作的精神。			
思维的创造性	能用不同的方法解决问题，独立思考。	能用老师提供的方法解决问题。	在别人帮助下，用老师提供的方法解决问题			

（六）项目的完成

将制作好的母亲节礼物送给亲爱的妈妈，听取妈妈对产品的改进意见，后续改进制作。

三、小　结

传统课堂教学模式无法激发学生创造性，本文将项目引导下的多任务驱动教学模式创新性地应用于单片机技术及应用课堂，且选取与我们生活息息相关的项目制作，极大调动了学生的学习兴趣。小组同学团结合作、自主学习，力争优秀。这不仅让枯燥的指令语言编程变得有活力，而且小组学生在相互竞争相互合作完成项目的过程中，学生可以自主学习更多知识，让自身逻辑思维更强。此方法让更多学生爱上了单片机制作。

【参考文献】

[1]　付文莉 . 浅谈项目教学法在中职学校单片机课程教学中的应用 [J]. 人文之友，2018（1）：
98.

[2]　张峰 . 项目引导多任务驱动在数字信号处理教学中的应用 [J]. 教育教学论坛，2017（48）：
163–164.

职业高中数学课堂中融合德育探究

——"圆柱圆锥球"教学实例①

于　静

美育是素质教育中的一个不可缺少的重要组成部分。它以其感人、育人、化人的巨大力量，起着协调作用。它不光是艺术课和语文课的任务，也是数学课不可忽视的一个课题。因为职业高中学生数学基础整体偏弱，结合教学大纲，考虑到数学传媒专业的教学过程中应将数学与专业相结合，且需要美育渗透，又结合职业高中学生喜欢合作讨论，展示自己的特点，我制定了美育教学目标：通过数学与专业课的联系，感受让学生学习立体图形的价值，培养其勇于探索的精神。球的引入借助学生们喜爱的球类运动员邓亚萍、和姚明相关的球类运动向学生传递爱国主义精神。

课前学生登录蓝墨云班平台听微课，完成自主学习任务单，可随时在平台讨论，完成课前自测。教师分析自测结果、增强课堂教学的针对性。为使课堂学习变得更加有趣，我设计了5个课堂教学环节：展、拓、练、纠、评。

环节一，展示成果。首先小组合作学习，解决自学中的遗留问题，为展示做准备；然后学生用动画结合实物模型展示圆柱、圆锥、球的概念和性质，更为直观地展示知识，降低学习难度。微信"弹幕"实现师生全员实时无声的交流，增强互动和乐趣。为帮助学生更好地提高，老师认真倾听，做好记录，做出合理点评。学生用三维立体几何模型系统，结合实物模型，展示圆柱、圆锥、球的侧面积和表面积

---

① 该文章获得北京市中小学2019年第十二届"京美杯"征文二等奖。

公式推导过程，突出教学重点，突破教学难点。学生操作同底等高的圆柱与圆锥装水实验展示圆锥的体积公式推导过程，让学生真正成为课堂的主人。为了让学生牢记公式，每项展示都需配合公式提炼，突出重点。

展示 1，圆柱的基本概念和性质。学生播放圆柱 flash 动画，结合实物模型，展示圆柱的基本概念和性质；老师认真倾听展示，做好记录，不予以评判，但积极引导，学生展示过后，教师给予点评。

展示 2，圆柱的侧面积与表面积。学生播放三维立体几何模型系统展示的圆柱展开合成动态图，结合实物模型展示圆的侧面积和表面积公式推导过程，总结得到圆柱的侧面积和表面积公式：

$$s_{圆柱侧} = 2\pi rh , \ s_{圆柱表} = 2\pi r(h + r)$$

其中 r 为底面半径，h 为圆柱的高。老师认真倾听展示，做好记录，不予以评判，积极引导，学生展示过后，给予点评。

展示 3，圆柱的体积。学生展示分割法求圆柱的体积动画，展示推导过程，得到圆柱的侧面积、表面积及体积的计算公式如下：

$$V_{圆柱} = \pi r^2 h$$

其中 r 为底面半径，h 为圆柱的高。

老师认真倾听展示，做好记录，不予以评判，积极引导，学生展示过后，给予点评。学生总结圆柱的表面积、体积公式，学生代表归纳公式的推导过程，提炼圆柱的表面积、体积公式，做到熟记于心。

展示 4，圆锥的基本概念和性质。学生播放圆锥的 flash 动画，结合实物模型，展示圆锥的基本概念和性质；老师认真倾听展示，做好记录，不予以评判，积极引导，学生展示过后，给予点评。

展示 5，圆锥的侧面积与表面积。学生播放三维立体几何模型教学系统展示的圆锥展开合成动态图，结合实物模型展示圆锥的表面积公式推导过程：得到圆锥的侧面积、表面积及体积的计算公式如下：

$$s_{圆锥侧} = \pi rl , \ s_{表面积} = \pi r(l + r)$$

其中 r 为底面半径，l 为母线长，h 圆锥的高。

老师认真倾听展示，做好记录，不予以评判，积极引导，学生展示过后，给予点评。

展示 6，圆锥的体积。学生播放动画演示的同底等高的圆柱与圆锥装水实验并动手操作实验，展示圆锥的体积公式推导过程；老师认真倾听展示，做好记录，不予以评判，积极引导，学生展示过后，给予点评。得到圆锥的体积的计算公式如下：

$$V_{圆锥} = \frac{1}{3}\pi r^2 h$$

其中 r 为底面半径，h 为圆锥的高。

学生总结圆锥的表面积、体积公式，学生代表归纳公式的推导过程，提炼圆锥表面积、体积公式，做到熟记于心。

展示 7，球的基本概念和性质。学生播放 flash 动画，结合实物模型展示球的基本概念和性质；老师认真倾听展示，做好记录，学生展示完后给予点评。引入王楠、邓亚萍、姚明等参与的为国争光事迹向学生传递爱国主义精神，渗透爱国情感。

展示 8，球的表面积和体积。学生播放分割法求球的表面积、体积动画，结合实物模型展示球的体积和表面积公式推导过程：得到球的表面积与体积的计算公式如下：

$$s_{球} = 4\pi r^2 \qquad V_{球} = \frac{4}{3}\pi r^3$$

其中，r 为球的半径。

学生总结球的表面积、体积公式，学生代表归纳公式的推导过程，提炼球的表面积、体积公式，将公式做到熟记于心。

环节二，释疑拓展。根据学生弹幕反馈，教师有针对性地讲解疑问，拓展延伸，突破难点。因为学生对分割法理解困难，因此需要由求圆的面积过渡到求圆柱的体积，适度拓展和延伸，层层递进、突破难点。

环节三，练习巩固。为巩固重点，进行练习，小组讨论计算，手机拍照上传到教学平台，师生共同讨论，学生展示自己的结果，让学生成为课堂的主人。

环节四，自主纠错。为培养自主学习能力，学生需要通过平台观看详解，自主纠错，老师巡视，及时给予指导。

环节五，总结评价。为促进师生共同发展，采用学生自评、师生互评。课上学生登录蓝墨云班课平台填写课堂知识掌握情况自评表和个人课堂表现情况自评表，完成学生自我学习状态及爱国教育反思评价。学生填写教师评价表，多方面反馈，教师进行教学反思。教师从学生课堂表现、学习目标达成情况等多方面，对小组及个人进行评价。

课后拓展：为促进学生综合发展，让学生根据本节所学结合专业知识，设计一个与圆柱、圆锥、球相关的弘扬爱国主义精神的动画片头，上传平台进行分享，实现数学与专业相结合；让学生课后登录蓝墨云班课教学平台观看下节微课，完成简单组合体的自主学习任务单，为下节课做准备。

板书设计：为利于学生阶段性总结知识点，我将板书划分为两部分。右侧为学生展示区，有利于学生系统性记忆；左侧以知识树形式呈现本节所学知识点。

反思：本课引入翻转课堂理念，课时由3课时缩短为2课时，凸显学生主体特色，充分发挥学生主体地位，实现做中教、做中学，提升学生的空间想象能力，学生参与度显著提高。着力打造高效课堂，凸显信息技术特色，一改传统的单纯知识讲授，将枯燥、抽象的知识点变得形象、生动、有趣，学生学习兴趣高，教学效果好，学生课堂知识掌握情况正确率达96%，比以往明显提高。依托蓝墨云班课教学平台、课前微课、自主学习任务单、问卷调查、动画、微信、弹幕、三维立体几何教学系统等信息化手段，为学生营造了一个效率高、趣味足的信息化高效课堂。本节课采用任务驱动教学法，用摊煎饼果子动画引出圆柱主题。从生活出发，将数学与专业课联系起来，让学生感受到学习立体图形的价值，激发学生的设计灵感。借助与邓亚萍和姚明相关的球类运动，课后设计圆柱、圆锥、球的弘扬爱国主义的动画片头，在实现数学与专业相结合的同时，向学生传递爱国主义精神。

要想实现在职业高中数学课堂中美育的渗透，还需要我们在教学的过程中不断去努力。这样学生不仅学会了知识，而且爱国情感、对美的感知更为浓厚，为建造美的祖国、美的世界而不断努力。

【参考文献】

[1]　姜海燕 . 谈数学教学中的美育渗透 [J]. 延吉：延边教育学院学报，2005.19（3）：40-41，44.

[2]　刘军吉 . 小学数学教学中美育的渗透策略 [J]. 长春：长春出版社，2015：160.

[3]　许兴华 . 对数学美育的初步认识与实践 [J]. 北京：北京师范大学，2001（10）：4-6，12.

浅谈数学课程中的美育渗透[①]

田贺男

在数学教学的实践中，我一直在努力探索"如何对学生进行数学美育教育"这一课题，我认为可以通过以下做法来做好这项工作：

一、在第一堂数学课中进行数学之美的教学

教师留给学生的第一印象往往是最深刻的，会对学习这门学科产生深远的影响。因此，教师要精心设计第一堂课的教学内容。那么，第一堂课讲什么呢？我想和学生一起探讨数学这门学科的美丽之处。数学是一切宇宙万物的理论依托，没有什么事情不能在数学上找到答案。

数学的美在于诗。"一去二三里，烟村四五家，亭台六七座，八九十枝花。"不同的量词让我们看到了乡间野外的怡人春光和迷人的乡村风物。

数学的美在于画。古今中外多少传世的佳作，因为它那精巧的几何结构的布局，而名垂千古。达·芬奇的千古名作《蒙娜丽莎》，正是巧妙融入了黄金分割，才留下了那永恒而神秘的微笑，令人难以忘却。

数学的美在于乐。《管子》记载，宫商角徵羽为五音，它由数学的精巧比例而来。当年黄霑先生在为《笑傲江湖》谱曲时，曾六易其稿，最后才想到将正五音和反五音巧妙组合，谱写出人们耳熟能详的《沧海一声笑》。

[①]　该文获得北京市中小学第十三届"京美杯"征文二等奖。

当今我们最常听到的三大技术是：云计算、大数据、人工智能，它们都与数学有着密不可分的关系。比如，网络搜索引擎的重要理论基础是仅有 0 和 1 这两个数字的布尔代数；计算机处理自然语言最重要的工具是数学中的统计学的思想；计算机新闻分类所用到的余弦定理……

华为老总任正非早在 20 年前就断定，华为一定会因为芯片受制于人，所以华为很早就投入大量精力研发自己的芯片。据报道，华为在全球设有 26 个研究所（其中位于俄罗斯、法国的研究所重点研究数学算法，挖掘基础数学资源），共计拥有 700 多名在职数学家。这一强大的科研团队，支撑着华为真正的核心科技。因为任正非知道"中国想要和美国竞争，唯有重视数学"。

中国研发的高科技，一定会遇到来自西方国家的阻力。如果你了解 1993 中国商船银河号货轮事件，你就能理解中国北斗人为什么能够在连续 26 年的时间里，奋起追赶，领跑超越，实现了卫星导航领域的"惊人飞跃"。因为北斗系统不只是导航，还是精准数据、战略底气。数学的美是科技、力量、底气，是国之兴亡的后盾，是脚下这片土地的未来。

学生兴趣会越来越广泛，因为美学是广泛存在的；学生的创造力也会得到逐渐提高，因为兴趣与美感影响着创造力，兴趣愈加浓厚，对美感的感知越来越强之后，学生的创造力也会得到发展，这种期待只能建立在更积极、更有效的教育活动基础上。向学生们介绍数学的美丽之处，能够让学生更多地看到生活当中的数学之美，体会到数学的价值，让很多学生因此爱上数学。

二、数学课程中的美育渗透

中等职业学校数学课程的任务是，使中等职业学校学生具备一定的科学精神和工匠精神，形成良好的道德品质，增强创新意识，成为德智体美劳全面发展的高素质劳动者和技术技能人才。而近年来美育的独立含义（它不可能为德育所涵盖）已被更多人所认识，其价值不仅体现在陶冶情操，还体现在引导人积极向上、献身科学，以及提高思维品质上。数学美一直是指引数学家奋斗不息的一盏明灯，它具有科学美的一切特性，不仅具有逻辑美，更具有奇异美；不仅内容美，而且形式美；不仅思想美，而且方法美、技巧美，简洁、匀称、和谐，随处可见。数学教育对数学美学内容重视不够、热情不高，可能是影响数学教育的关键问题。而这部分也是对数学认识的关键部分，这一问题的产生也使得青少年难以将数学作为一种文化、一种精神而习得。

如同 M. 克莱因所说，在最广泛意义上说，数学是一种精神，一种理性精神，正是这种精神，使得人类的思维得以运用到最完善的程度；亦正是这种精神，试图决定性地影响人类的物质、道德和社会生活；试图回答有关人类自身存在的问题；努力去理解和控制自然；尽力去探求和确立已经获得知识的最完美的内涵。

数学之美与学生科学精神、工匠精神的培养密不可分主要表现在以下三个方面。

（一）数学的严谨之美与严谨朴实的精神

数学中的概念、命题、定理的最根本准则是准确、简明，其结果不需要用华丽的辞藻来修饰，更不需要任何夸张的形式。数学的一个特点是严密，数学的思维方式能使人们形成缜密、富条理的思维方式，有助于培养学生一丝不苟的工作态度、敬业精神和强烈的社会责任感。

（二）数学的逻辑之美与理智自律的精神

数学知识体系本身是一种理性的思维方式，是一种理性精神的张扬。数学中的结论是逻辑结果，而不是情感世界的宣泄；数学中的权威是规则逻辑的合理性，自觉遵守数学规则是解决一切数学问题的先决条件。这种对规则的敬畏感能够迁移到人和事物上，因为它本质上是对秩序的尊重，使人们形成一种对社会公德、秩序、法规等的内在自我约束力量，进而发展为自律性。

（三）数学的奇异之美与开拓创新的精神

奇异美是数学的重要特征，来源于思想的独创性。打破原有的格局，往往与通常的认识相反，给人以奇妙的感觉。可见，数学的奇异美能够满足学生强烈的好奇心与求知欲，产生与原有认知上的冲突。数学学习过程实质上是一种再创造过程，数学中对定理、结论以及解题方法的探索，都需要学生具有创新思维和开拓精神，也培养了学生的开拓创新精神。数学问题的解决方法千变万化，无论教师有多少经验，都不能穷尽所有的解法。教师在教学中精心设计问题，通过一题多解、巧解、加法的最优化等教学策略，可以有效地培养学生的创造性才能。当今社会是一个改革时代，开拓创新型人才的培养是素质教育的一项重要任务。很难想象，一个没有创造性的群体会在知识经济时代大有作为。因此，不断创新，是现代社会对人的基本要求。

数学教育为促进学生素质的全面发展提供了可能性，但具体实践结果如何，又取决于广大数学教育工作者的有效实践。祝愿这些理论知识能够有效地运用在实践当中，以期数学教育获得长足有效的发展。

职高汽修专业发动机电控系统故障诊断课程基于翻转课堂教学模式的教学评价的研究 [①]

耿　狄

一、翻转课堂教学评价的研究意义

翻转课堂出现于 2007 年，在 2011 年后迅速扩展至全球。中国自 2013 年起对翻转课堂的研究急速升温，翻转课堂成为教育领域的研究热点。翻转课堂学习过程可分为课前、课中和课后三部分。课前学习阶段，学生通过观看视频进行自学，同时完成少量课前练习，以增强学习效果，验证学习内容。课中学习阶段，学生与团队成员协作学习，通过讨论等方式互相促进，交流学习成果，增加学习内容的深度和广度；在成果交流的过程中，确定自己在学习中的优势与不足，进一步提高学习效果，教师在课中学习中起组织、引导作用并进行答疑。课中学习也是后续课程的重要反馈阶段，是调整学习方法和学习进度的重要依据。课后学习阶段是对前面学习过程的总结，是全面的结业测试。

翻转课堂是目前信息技术与课堂教学有效融合与互补的全新教学模式。但在将传统的教学评价方法应用于翻转课堂模式的过程中，还存在诸多问题。

首先，传统教学中课程的学习效果多以考试或考核进行评价，尽管最终成绩中包含平时成绩，但达不到翻转课堂要求的程度。翻转课堂强调学生的课前学习活动，

---

① 该文章获北京市 2020—2021 学年度基础教育科学研究优秀论文二等奖。

而现行的评价体系没有相应的评价指标，无法检验学生独立探索问题的能力水平，缺少必要反馈。

其次，翻转课堂重视学生在课堂上的协作学习活动，学生通过对话、讨论等共同协作的方式达到学习目标。协作对学生创新思维的培养、团队意识的形成有着重要的作用，但传统的评价体系无法体现协作的重要性。

因此，现阶段翻转课堂教学实践中适合翻转课堂的教学质量评价体系还没有得以建构，而能否建立适合翻转课堂的教学质量评价体系，已经成为制约其深入发展的瓶颈因素。

二、翻转课堂教学评价的研究现状

笔者以中国知网（CNKI）作为文献来源数据库，主题分别以"翻转课堂""翻转课堂＋教学评价"对 2012—2018 年的论文进行检索，得出以下结果：

2012—2018 年文献检索情况

检索主题	翻转课堂	翻转课堂＋教学评价
论文数量	18325	41

数据来源：CNKI 数据库，检索年度：2012—2018

以"翻转课堂＋教学评价"为例，其教学成果主要有：2012 年，张金磊、张渝江等学者从发展、定义等方面综述翻转课堂的现状，初步探究翻转课堂的教学模式，分析翻转课堂实施过程所面临的挑战，为我国教学改革提供借鉴。2013 年，马秀麟、李海龙等学者从翻转课堂教学模式概念与应用入手，把翻转课堂教学模式应用于某一课程教学，设计教学体系，进行教学实例验证，阐明了翻转课堂的不足。2014 年，曹晓粉、王姣姣等学者主要从学生的认知心理出发，以学习者为中心，实现师生、生生之间的有效互动、教学评价的优化。2015 年，李成严、程洋洋等学者针对此前翻转课堂教学评价方法中的问题，首次提出基于全过程考核的评价体系，并进行了实验。2016 年，傅翠玉、季文天、王贞等学者基于 MOOC 翻转课堂教学模式和教学活动，构建了基于 MOOC 翻转课堂教学评价体系。2017 年，谢娟、张婷、程凤衣等学者基于 CIPP 模型和翻转课堂课前、课中、课后三阶段为理论框架来构建翻转课堂教学评价体系，从新的视角对翻转课堂的评价展开深入研究。2018 年，张亚媛、陈佳等学者，以访谈、调查问卷等形式，对翻转课堂教学评价进行实证研究，检验和调查翻转课堂的教学效果，以及学生对此教学模式的满意度。

纵观 2012 至 2018 翻转课堂教学评价研究，我国翻转课堂教学评价研究现状主要成果有以下四个方面：

（一）学生满意度评价

学习满意度是指学习者对实际课程的特征进行评价而产生的学习态度。翻转课堂教学活动中学生是教学的主体，学生的学习态度直接影响教学效果，因此，学习满意度是翻转课堂教学评价的重要因素。于文浩采用翻转课堂教学方法组织教学，并通过要素综合评价法对整个教学过程的学生学习满意度进行了分析。李晓文借鉴顾客满意度模型并以质量感知和价值感知为因变量，忠诚度为结果变量设计了翻转课堂模式下的学生学习满意度模型，分析出质量感知对学习满意度有决定性影响，并进一步从课程特征、教学设计、师生互动、网络学习平台和学习资源等关键因素挖掘学生对质量感知的影响，为教师制订更切合学生学习需求特征的翻转课堂教学实施方案提供针对性建议。学习满意度的影响因子分析是学习者形成性评价的重要参考因素，也为建立翻转课堂教学评价模型和指标体系提供了新的视角。

（二）形成性评价

形成性评价是指在教学过程中根据教学计划设定目标，采用多种评价手段和方法，跟踪教学过程并反馈教学信息，促进学生全面发展的评价活动。金丽琴通过对比实验研究了翻转课堂教学模式对大学英语教学效果的影响。作者采用形成性评价手段，通过问卷、课堂观察、个体访谈、学生测试等切实可行的方法，确定教学方法、学习材料、师生互动及学习效果等影响因子，考察翻转课堂的教学效果。瞿莉莉等探讨了翻转课堂教学模式下高职英语教学的评价方法，初步提出了形成性评价与终结性评价相结合的教学评价思路。形成性评价与以课程考试为主的终结性评价相对应，注重教学过程和学习过程的反馈、调整，准确描述学习者的学习行为、能力发展和成绩等学习状态，对其学习过程、学习态度、学习策略和学习效果等进行综合评价。

（三）课堂教学效果评价

课堂教学是翻转课堂教学中师生进行交互式活动以达到学生对知识内化的重要环节，课堂教学的效果直接影响翻转课堂教学实施的质量。明娟针对翻转课堂的课堂教学过程，以教学过程理论为理论基础，开发教学过程特征分析系统，评价翻转课堂教学过程的教学效果。基于分析系统对翻转课堂的教学过程进行定量的绩效评价，能够深入领悟翻转课堂教学过程的规律和特征，提高翻转课堂教学的有效性。

（四）过程性评价

过程性评价是在学习过程中完成的，强调学习者主体参与的，以促进学习者发展为目的的对学习过程的价值进行建构的过程。程洋洋根据翻转课堂的教学过程，采用传统的理论演绎法建构符合翻转课堂的教学评价指标，通过模糊层次分析法确定权重，完成翻转课堂的评级指标体系的构建。过程性评价定位于学习者知识的获得、技能的培养、能力的形成，完整评价学习过程，肯定学习者学习过程中的阶段性成果，增进学习者对学习过程的认识，推动学习者成就感的产生，有效促进学习者的发展。

三、翻转课堂模式下汽修专业发动机电控课程的教学评价体系

发动机电控系统检修课程是职高汽修专业的专业核心课，学生在掌握发动机构造后，针对电控系统做深入研究。在教学中往往采用理实一体的教学方式，学生对照工作页完成学习任务。结合翻转课堂教学模式，引入课前和课后自主学习，采用层次分析法，完善本学科的评价体系。

层次分析法（analytic hierarchy process，AHP）是一种定性评价与定量评价相结合的评价方法。此方法的思想是将复杂目标层层分解，以总目标、子目标的结构表示，然后求解判断矩阵特征向量，求得每层元素对上一层的优先权重，最后通过加权递归得到每个方案对总方案的权重。AHP方法已在多种环境下得到应用，呈现了

好的效果，但传统分析过程中，没有考虑人在判断打分过程中的模糊性，如"好""较好"等评价存在的语义模糊性，而这种情况在翻转课堂评价时广泛存在。因此，笔者采用基于模糊集理论的模糊 AHP 方法进行综合评价。指标体系可分为 3 层：第 1 层为目标层——A 翻转课堂评价指标；第 2 层为一级指标，包含 A1 课前评价、A2 课中评价、A3 课后评价；第 3 层为一级指标下的二级指标。

采用 AHP 方法进行综合评价

目标层	一级指标	二级指标
翻转课堂评价指标	A1 课前评价	B1 观看微课视频
		B2 课前练习
		B3 自主学习能力
	A2 课中评价	B4 协作能力（互评）
		B5 出勤情况
		B6 表达能力（主观）
		B7 创新能力（主观）
	A3 课后评价	B8 设计报告
		B9 实验报告
		B10 期末测试

评价体系中包括前期评价、相互评价、主观评价和期末评价四个过程。

（一）前期评价（20%）

前期评价是对翻转课堂中课前练习的学习成果进行评价。课前观看视频是翻转课堂区别于传统教学方法的一个重要阶段。检查这一阶段的学习成果对于学生的后续学习有重要作用，不仅对教师教学过程有重要的促进作用，也能够规范学生在实训过程中的职业意识。前期评价可以采用随教学视频附带习题的方式，也可采用上课时通过简单测验进行检查并将结果记入综合评价表的方式。

（二）相互评价（20%）

相互评价是通过课堂团队学习，团队协作讨论结果，团队成员间进行相互评价，主要是评价学生的学习主动性、创造力以及个人表达能力、反应能力等。可以打分，也可分级评价。

（三）主观评价（30%）

主观评价由教师给出。针对学生在课堂学习过程中表现出来的知识内化能力，反映个体的学习能力和学习效果。

（四）期末评价（30%）

在翻转课堂教学模式中，考试仍然是反映学习成果的重要方法，不可或缺，但仍需针对试卷内容和形式，作与教学模式相适应的调整，使得卷面成绩在总成绩中占适当比例即可。

四、结　语

教学评价是教学效果验证的重要方面，有效的评价体系是新的教学方法顺利实施和推广的必要保证。在研究翻转课堂教学评价这方面，以上学者取得了标志性的成果，为翻转课堂教学评价指标体系的建立提供了坚实的理论依据和实践基础。在实际应用中，还需考虑运用辅助工具如教学辅助系统、云平台等，以充分发挥评价方法的优点，减小评价工作量。

【参考文献】

[1] 张金磊，王颖，张宝辉. 翻转课堂教学模式研究 [J]. 远程教育杂志，2012.12（29）：46–51.

[2] 张渝江. 翻转课堂变革 [J]. 中国信息技术教育，2012（3）：108.

[3] 马秀麟，赵国庆，邬彤. 大学信息技术公共课翻转课堂教学的实证研究 [J]. 远程教育杂志，2013.31（1）：79–85.

[4] 李海龙，邓敏杰，梁存良. 基于任务的翻转课堂教学模式设计与应用 [J]. 现代教育技术，2013.23（9）：46–51.

在中职幼儿保育专业中，以美育建构
学生创造性思维的研究与尝试①

贾　非

一、在中职幼儿保育专业的美育活动中，培养学生创造性思维的前提与可能性空间

现在的中国高度创新，其特征就是多元和智能，是人类创造力发展的新高度。身为国民的我们看到了我国从农业大国到生产大国，再到创新强国的发展。各行各业在不断总结经验的过程中，所总结的解决方案都集中在创造性思维所带来的优势。美术在各个时代都留下可考的印记，人类早期以洞窟壁画为代表的造型艺术、以各种彩陶器上的图案为主的工艺美术均被囊括其中。随着生产力的提高与生产工具的更新，美术与美术教育从技法到内容、从教学原则到教学方法去陈纳新。

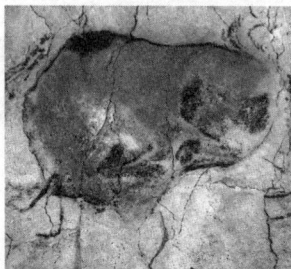

西班牙阿尔塔米拉洞窟壁画《受伤的野牛》　　西安半坡出土《人面鱼纹盆》

---

① 该文章获得北京市教育学会创造教育研究会 2018 年学术论文评审二等奖。

教育是国之基业，身处职业教育，深感中职所有专业中幼儿保育的特殊性。以我校八个专业为例，学前教育与数字媒体专业对创造性的要求是最高的；计算机专业、电子技术专业与汽车维修专业更注重技术的精准度；电子商务专业与旅游专业更强调工作中能够有效进行多边沟通。与数字媒体的工作内容不同，幼儿保育专业的特殊性在于其自身就是教育的载体，其言行举止都被幼儿视为学习与模仿的对象。就其工作性质而言，日后如何有效整合因国家发展、科技进步而带来的诸多教育资源，提高学前教育的工作效果，培养出优质且全面发展的 3 ～ 6 岁学前儿童，这都是这个领域即将面对的问题。若想有效地解决这一本质问题，教育尤其美育就需要重视对学生的创造性思维及创造力的培养。

二、有形的视觉形象，建构学生创造性思维的载体

美育向来以视觉形象为载体，从临摹到写生，再到创作。在长期学习过程中，从训练学生的注意力与观察力开始，到训练其用线、形、色塑造形象的能力，直到多种感官协作，创造出属于自己的作品。

（一）不变的视觉形象，随时代而变化的功能

我国古代诸多的美学理论中，"存形莫善于画"长久以来都极具有说服力。因为我们可以凭借画师张萱的一张《捣练图》回溯盛唐时期，人物的服装、发型等特征，比文字描述更直观，这也是对图像证史的诠释。造型艺术的美学功能在相当长的时间里，都能如实体现其时代的景象。随着人类知识不断更新，19 世纪末欧洲率先进入了照相机时代，也恰恰就是这项发明带来了美术学科多元发展的可能——画家从造型必须严谨的要求中解放出来，有更多的空间进行探索和表达。

《捣练图》张萱（唐）

（二）有形的视觉形象，为学生提供有创造性的思维空间

中职学段在校生正值人生的青春期。发展心理学的数据表明，青春期的思维特点是求异大于求同，发散思维好于辐合思维。《义务教育美术课程标准（2011 年版）》将美术课程表述为"以对视觉形象感知、理解和创造为特征"。创造是一个具有宽泛描述范围的词，从无到有的过程都在其中。在这里我采用邹泓老师在《发展心理学》（第八版）中对创造力的阐释：代表一种能激发新想法和产生创新性解决方案的能力。另外，心理学家吉尔福特在他的智力结构模型中将创造力归于一种发散思维，而不是聚合性思维。发散性思维要求个体发现问题的各种不同答案和解决方法，没有绝对的正确答案。同时，邹老师也提及发散性思维与智商之间只存在中度相关，（Simonton, 2000; Sternbery & Lubart, 1996；Wallach, 1985）是可以培养的。基于对解决同一问题的创造性思维好于深入研究的前提，结合美育的创造性特质，我们可以在中职学前教育的美育课程中，更侧重对学生的创造性培养。

三、对创造性思维的职业素养要求多于专业知识

我国教育大纲中对不同阶段的学前教育专业做出明确的规定，中职学前教育以培养保育员和辅助教学的配班老师（相当于大学课堂中的助理教师）为主。其职责所在，就是处理好课堂的个别性突发事件，以使主班（授课）老师能够顺利实施教学活动。不仅要有过关的教育学、教育心理学知识做储备，还需要有创造性思维意识与框架，才能够提高其解决工作问题的能力。

四、在美育中对建构学生创造性思维的一些尝试

2014 年教育部开始制订《中国学生发展核心素养》，核心素养是指学生应具备的、能够适应终身发展和社会发展需要的必备品格和关键能力。如何让创造性思维在手工课中得以体现，这成了我那时在教学之外唯一思考的问题。几周之后手工入门课《纸的 N 种形态》教学设计才终于完成。

这是一堂以启发学生创造性思维为主的课，为避免学生把思维止步于幼教专业与纸之间的固定关系上，需逆向设计问题，首先抛出问题一：中华民族的古代智慧

的缩影——四大发明？其中哪一项与我们的专业有着必然的联系？它的制作工艺与流程是什么？得到反馈后板书课题，再请同学们抽出已经准备好的十页纸的任意页，闭上眼睛仔细感受纸张，并说出自己的感受。在这个步骤中，重点是能让每一位同学都能细腻地感受纸张。

接下来的学习任务是本课的重点：以学习小组为单位，以头脑风暴加材料（十页 A4 大小的废纸）的体验方式寻找方法，提问：在不借助于任何身体以外的工具与材料的情况下，有多少种改变纸张形态的方法？时间 8 分钟（过时无效），用纸条记录答案并即刻上交，保证六个学习小组之间的竞赛绝对公平。全班共计 13 个有效答案的结果让我深感意外，不仅有撕、卷、揉、搓等常用方法外，还有吹、摔、蹭、揪、捏等意想不到的方法。

通过分析与评估答案，大家的思路更加明晰，在她（他）们期待的眼神中我板书了问题三：如何使用一种工具来改变纸的形态？在重申了一遍工具的概念后，要求各组同学从前到后，依次在黑板上书写答案，写完的同学负责知识产权的保护工作，时间要求同上。通过这轮尝试，共获得 21 种有效方法，其中有 6 ～ 7 种是共性方法如剪、刻、雕、钻、削等，还有十几个新方法，还出现了踩、砸、用料理机搅碎、放在桌腿和地面之间进行挤压诸如此类看似不着边际却又符合要求的答案。

随后我把第四个问题呈现出来——借用一种材料，来改变纸的形态。这次课堂采用了另外一种美术欣赏课上经常使用的方法，思考三分钟后，每组选一位小组代言人分享答案，最先确认有效的答案积一分，其后则不予积分。同学们的积极性得到了充分发挥，大家都在踊跃发言。无奈受教学时间限制，8 分钟便停止，此刻已经收集到几种幼儿园美术教学与环创的常规方法，如用胶粘贴、用订书器订、用绳子系、纸与纸的穿插、用颜料染等，甚至还出现了用冰箱冻、用香水喷、用茶水泡、用火烧等共 13 种方法。

近期末同学们在为次渠家园幼儿园
中 5 班设计六一汇演道具

据此，全体同学都了解了下学期手工课的第一章《纸》所需要准备的画材，无需列清单。课后的教学反思中，我记录了本节课的收获：把培养学生创造性思维作为重点，激发学生学习兴趣的同时，进一步建立了学生的学习自信。

五、结语：任重而道远，对未来的思考

为了使学生的创造性思维得到更多元的尝试，我开始思考如下几个问题：美育场域能否得到常规性的延展，除课堂教学、美术馆参观与学习、公园写生之外，还有哪些可以拓展的空间？美育如何把其强大的包容功能体现出来，如何与语文、数学、英语等其他基础学科有效地融合，使学生能够更形象地建构起彼此交融的知识网？在终身学习的社会大环境中，要经过哪些必要探索，使美育功能有效作用于价值观的形成？

正是这些未解之谜，给了我前行的动力；在搜集信息、寻找答案的途中，教学相长，阅人悦己。

幼教专业赴韩美林美术馆写生

【参考文献】

[1]　中华人民共和国教育部制定 . 全日制义务教育美术课程标准（2011 年版）[S]: 北京师范大学出版社，2012.

[2]　李汉波，王义辉，陈海艺 . 美术艺术与美术教育理论探究 [M]. 长春：东北师范大学出版社 . 2019

[3]　朱新华，韩冬 . 美术教育资源开发与利用 [M]. 北京：光明日报出版社 .2007

[4]　可新 . 美术教育的原理与教学实践创新 [M]. 哈尔滨：哈尔滨工业大学出版社 .2010.

职业教育中，语文教学如何向专业学科"借力"①

柴 璐

笔者在教学中发现，和专业课相比，语文学科作为职业高中教育里的公共基础课，学生的重视程度很低，主要表现为学习兴趣低、课堂懒散等，一开始就钟情语文学科的人很少。提高学生的兴趣，既要让学生最初接触时就不反感，也要让学生保持兴趣，将兴趣内化为动力。这可以有多种途径，本文从学生的专业课入手，谈谈语文教学和专业相结合的可能性和必要性，以及我在教学中的做法。

一、语文和专业结合的可能性

在学校里，语文课和专业课壁垒分明，但都需要语文在其中发挥作用。同时，职高语文教育未来的发展方向要突出职教特色，这就为二者相结合提供了可能。

二、语文和专业结合的必要性

（一）专业兴趣推动培养语文兴趣

报考职业高中的学生多数在中考时失利，他们不善于处理诸如语、数、外等文化课程，因而再次面对文化课时，会出现抗拒，甚至厌烦的心理。相反，专业课多是学生感兴趣的科目，多数人明白专业的重要性，因而愿意花较多的时间在专业学习上。

---

① 该论文获 2018 年北京市教育学会学术年会征文三等奖。

这样看来，语文这艘大船如果能搭载上"专业"这位乘客，把学生对专业的兴趣巧妙地引入到语文教学中来，那便为提高学生的语文学习兴趣开了个好头。

相较于在语文教学中引入学生感兴趣的事物，诸如电影、歌曲、电子游戏等，引入有趣且重要的专业课，则能为语文学习提供长久的动力。"好风凭借力，送我上青云。"至于如何"借力"，下文会详细说明。

（二）专业特点影响教学效果

我们成功引起了学生对语文学科的兴趣，那么，如何能长久保持兴趣，便是个问题，归根结底是看教师的讲课功力如何。我们都知道，要想把课上好，就不能把一个教案循环利用。好的做法是，充分考虑每个班级的特点，做出相应改动。在职业高中里，每个班级的特点是由学生所学的专业决定的，有如下三点：

1. 人员构成上，男女比例不均衡。以我所教的学前教育和计算机专业为例：学前教育班级女生多，两个班级的78个学生中，仅有2名男生；而计算机专业的36个学生中，仅3名女生。且男女比例不均衡的问题存在于如汽车修理、数控等大部分专业中，这在职业教育中较为普遍。

男女的差异在课堂上表现为：男生理性，女生感性；男生多发议论，女生善于抒情；男生思考灵活，女生态度认真。当然男、女生各自关心的领域也有很大不同，男生注重游戏、体育，女生关心化妆、追剧等。

2. 能力偏向不同。有的专业学生长于动手实践，有的则长于思考。前者如学前教育专业，所开设的美术、手工等课程都要求学生具备较好的动手能力，汽车修理、中西餐专业等也是如此；后者如计算机专业则更侧重于培养学生的思维能力，学生思维相对更发散、灵活。

3. 班级氛围不同。同一专业的不同班级有自己的特点，而不同专业的班级氛围也不同。这一点在普通高中也会存在。

和第三点相比，前两点在职业教育中尤为突出。要想提高语文教学效果，就要考虑按专业分班带来的影响。职业高中的语文教学必须充分考虑专业特点，有针对性地开展教学，戳中大部分学生的痛点，提高教学效果，维护学生的热情。

三、语文和专业结合的教学实践

《中等职业高中语文教学大纲》（2009）中要求，语文教学要突出职教特色，提升学生的职业素养。响应大纲要求，职业高中所使用的语文教材分出了职业模块册，服务学生专业学习，在宏观层面将语文教育和职业相结合。接下来我从课堂教学角度具体谈谈我的做法，不过要明确的是，此时语文仍是主导地位。

（一）借力专业课老师

这里是指语文教师和专业课教师同上一堂课。语文覆盖生活的方方面面，其和专业学科交叉的地方，由不同的老师从不同的方向进行解读，既为学生提供多种视角进行分析，也有利于学生建构起专业课与语文课的联系，提高学习兴趣。

高一基础模块下册有一篇课文《画里阴晴》，是画家吴冠中抒写自己对"阴"与"晴"的独特感受。文章中涉及美术方面的知识，如中国画、西洋画、水彩画、水墨画、印象派，对理解作者的观点有重要作用，文章中会出现一些需要解读的专业知识，如下面这段话：

"山区的红土和绿竹，本来并不很协调，雨后，红土成了棕红色，草绿色的竹林也偏暗绿了，它们都渗进了深暗色的成分，统一于含灰的中间调里；或者说它们都含蕴着墨色了。"

学生如果在学习课文前，已懂得了色彩的知识，那理解起来就会顺畅很多。美术教师给学生看吴冠中的画，语文教师带领学生品语言、悟感受，学生自然印象深刻。

教师应该在其所教授的科目上深耕，但语文科目范围广，必然会遇到自己不熟悉的领域，这时若能借助其他学科的力量，学生学习将会受益匪浅。

（二）借力学生的专业作品

借力学生专业作品的前提是，需要授课教师对学生的专业课程有所了解，和专业课任课教师及时沟通，了解教学进度，做到心中有数。

课本里选了小说《边城》的第一节，开篇有较多笔墨的环境描写。这一幅乡村风景图对理解全文有着重要的意义。这时就可以寻求学生的帮助：让学前教育的学生根据这段描写画一幅风景画，让计算机专业的学生制作一幅可以拿来用作本课PPT的背景图，和学生的专业知识挂钩。布置任务的时候，适当鼓励学生，学生的兴趣就调动了起来。该任务以学生认真阅读相关文字为基础，便促进了学生的理解，本节课的教学目标也完成了一半。

等学生把作品交上来时，还可以通过以下做法巩固上述的效果：1.请专业课老师评价并挑选出优秀作品在班级展示，以兹鼓励；2.点评优秀的作品，从学生专业的角度说明普遍存在的问题，比如做PPT时字体太小、颜色对比不明显影响观看等，更有说服力。

一个专业学生完成的作品可以用在不同的学科，丰富了语文课堂，学生的优势也得到了发挥，使得他们更加感兴趣，也使他们对课文的理解更深刻。

（三）借力学生对专业的理解

这里"对专业的理解"包括对概念的掌握、对框架的把握，甚至对学科的评价。这一次借用的是他们对专业的理解和思考，难度提高，也试图从思维方式层面打通学科之间的壁垒。

《科学是美丽的》这节课，导入部分问学生对科学的了解有多少，能否举出几个科学名词。学生能够说出一部分，但当我继续追问，是否了解该名词的具体含义时，就很困难，出现这种情况是因为学生不了解，他们更加了解他们的专业，于是讲课结束后，我便让学生说出自己专业的名词，以组为单位准备，再次上课时，由学生代表上台讲解。这让学生充满信心，跃跃欲试。但是，这个时候我是全班唯一不懂的，就要求学生用简洁、通俗的语言讲解，我懂了，便通过；我不懂，就换人接着讲。

虽然实际讲解过程并不是非常顺利，但是学生会从中感受到恰当运用语言、准确表达的困难，这就是我的目的。我想让他们明白，语文是解决这个问题的"灵丹妙药"。

学生完成这个活动后，我便提出我真正的任务，即从语文中找出一些名词，并用你所得到的思考方式、表达技巧对名词做出自己的解释。借此告诉学生，学科虽然不同，但一些思维方法是相通的，自己既然能解释清楚专业课的名词，就也可以把这种能力迁移到语文课上。你会发现，各个学科所支撑它们的都是一个个概念。这时再鼓励学生，有了这个秘密，学生便可以相信，自己能学好自己的专业课，语文自然就不在话下了。

总之，未来的语文教学应该是开放的，应从表层深入到内涵，由表及里。语文学科应该借力于"势力庞大"的专业学科，提高学生兴趣，方能产生"一加一大于二"的效果。

【参考文献】

[1]　王帆.中职语文教学也应与"职"俱进 [J].华夏教师，2017（3）：76-77.

[2]　李宁.探讨如何有效整合中职语文教学与职业核心能力 [J].学周刊，2018（5）：46.

美在其中，以美育人 [①]

刘慧文

　　舞蹈是人类情感抒发的一种重要表达方式，舞蹈的历史可以追溯到人类的蛮荒时代，伴随人类文明的发展。古人云："情动于衷，而形于言，言之不足，故嗟叹之，嗟叹之不足，故咏歌之，咏歌之不足，不知手之舞之，足之蹈之也。"我们可以说，舞蹈是人类感情最强烈的表现形式。

　　舞蹈艺术的发展也是人类情感表达的提升过程。发展至今，舞蹈已经成为现代教育中的重要组成部分。在舞蹈教学中充分融合舞蹈与美育，能够提升舞蹈教学效果，可见，美育对于舞蹈教学有着非常重要的意义。

　　职业学校的舞蹈课是学前教育专业的主修课程之一，也是社团活动的重要组成部分（本校舞蹈社团成员也是以学前教育专业学生为主）。社团舞蹈教学是在尊重中职生身心发展规律的基础上，立足于学前教育专业学生职业发展需求，对日常舞蹈课堂内容进行巩固、拓展与再提升。通过优秀作品赏析、提升学习练习方法，精排独舞、群舞，提供校、区、市级比赛等平台，让中职生专有所长、学有所精，在赏析中认识美，在模仿中体验美，在练习中感受美，在编排中创造美，在观摩中欣赏美，在展示中传递美。把握育人契机，渗透时代精神教育，传播正能量，提升学生道德情操，实现社团的美育作用。

---

① 该文章获得北京市中小学第十三届"京美杯"征文三等奖。

一、培养正确的自我认知

社团中聚集着一群热爱舞蹈的孩子，她们并不完美，往往会羡慕他人的形象气质、身材比例、记忆速度、肢体柔韧性等，感到自卑，她们往往只看到自己的劣势，看不到优势。因此，在群舞剧目编排环节，指导教师会帮助孩子们认清自身优势，根据学生们表现力、软开度、肌肉素质等不同特点而设定不同"角色"，通过单、双、三、五、七人舞的形式呈现，让每个学生都有表现自己的机会，得到更多的认可，帮助学生发现自身闪光点，提升自信。

"照镜子"活动贯穿舞蹈社团活动始末。课前审视形象，调整活动状态。课中进行纵向及横向对比：纵向比，看自己的舞姿是否规范，美感较之前是否有进步；横向比，看她人，对比自身差距，有助于学生正确自我认知与定位，提高对肢体表现的审美认知，在对比中取长补短。课后审视课堂训练成果，提升获得感。

严格要求动作规格和高频率动作重复是舞蹈社团训练的常态，学生在过程中磨炼了意志和品质，提升了抗挫能力。在高标准、高频率的动作重复中，实现动作的肌肉训练与记忆，"魔鬼训练"循序渐进，帮助学生达到前期无法企及的动作美感，激发潜能，实现自我突破，勇于尝试不可能。精益求精，培养工匠精神。奋斗的青春最美丽，人的潜能无限，不努力一下永远不知道自己有多优秀。

在历次赛后总结座谈会中，社团成员共同分析成功的经验及其他参赛团队中的优势与不足。胜不骄，有危机意识，脚踏实地，完成专业的可持续发展；败不馁，共同分析失败的原因及弥补措施，知己知彼，越挫越勇，重拾自信，顽强拼搏。

二、提升职业自信

舞蹈社团的训练体系及剧目的精排精练，在提升学生肢体协调性、身体素质的同时，也提升了学生气质，提升了学生的自律意识和肢体修养。对动作模仿力及表现力的要求，则提升了学生的表情管理能力，提升学前专业学生的亲和力。在群舞剧目编排中，指导教师鼓励学生利用所学编创技法，参与到剧目的部分舞段动作及队形的创编中，提升其主人翁意识，得到"学有所用，用有所效"的成就感。参赛前的动作修改与动作练习，提升作品品质，磨炼学生意志。

剧目的选材与时俱进，《旗魂》通过道具场景布置，再现红军革命精神，让学生在音乐氛围中抒发爱国情怀，为幼教生在实习就业中的爱国主义教育奠定基础、积累素材，引导中职生思考如何利用所学专业为国贡献一己之力。《我和我的她们》捕捉学生日常生活，以校园寝室文化为缩影，再现中职生日常生活中女生间的友谊及师生间的珍贵情感，学生真情演绎，观众更容易产生共情，在宣传校园向上向善文化的同时，传播尊师重教、和而不同的文化内涵。学生了解到"艺术源于生活而高于生活"的意义，学会如何从日常生活中选材，通过艺术审美加工，将故事情节搬上舞台。剧目《弟子规》让学生了解做人的道理与行为规范，提升内德。在古典舞"圆"的律动中感受外化和内在的统一，在"S"形动作路线中体验自然界中物质既对立又统一的关系，感受自然刚柔并济与和谐，了解中国古韵之美与"和"文化。

舞蹈社团对学生在舞蹈技能、形象审美、自律意识、肢体修养、亲和力、感染力和情绪管理能力等方面的培养，有助于学生树立职业自信，提升职业综合素养，让幼教学生在实习就业之路上越来越稳健。

三、以舞悟人生

舞蹈学科要求比较严格，一旦未按照要求完成动作，错误就会通过肢体语言明显暴露出来。社团鼓励学生放大动作幅度，大胆动作，无需有任何心理负担。只有将问题暴露出来，老师才能更好地帮助自己解决问题，这就是快速成长的途径。那些勇于暴露自身问题的学生都是智慧的。

一个群舞剧目的呈现离不开舞者动作和音乐的配合、舞者间的队形配合、舞者间的情感传递与互动，一人的失误就会导致"满盘皆输"。其对舞者高度配合的要求，让学生充分感受到团结协作的重要性，了解在互助中合作共赢的意义，明确在团队中没有人可以独善其身。

舞蹈是一种美的视觉艺术。以观众的观赏角度为重的舞蹈精神，启迪学生换位思考，要有奉献精神。无论台下做了多少努力，一旦站在台上，就要把最好的状态呈现给观众，去表现美、传递美。

　　舞蹈以美育贯穿，它塑造了孩子们善良坚韧的性格、持之以恒的决心、健康的体魄，并助力他们绘出靓丽人生。

【参考文献】

[1]　黄明珠.中国舞蹈艺术鉴赏指南 [M].上海：上海音乐出版社，2001（47）.

[2]　资华筠主编.《中国舞蹈》.北京：文化艺术出版社，1999（05）：76.

[3]　王健.探究中国古典舞中的"圆"文化 [J].艺术品鉴，2018（3）：61–63.

浅谈中职学校思政课德育和美育的契合 ①

薛 畅

2019 年 3 月 18 日，习近平总书记在北京主持召开学校思想政治理论课教师座谈会并发表重要讲话。会上总书记强调思想政治理论课是落实立德树人根本任务的关键课程，这为推动思政课改革创新指明了方向。中职学校思政课教师的教学对象是青少年，青少年阶段是人生的"拔节孕穗期"，最需要精心引导和栽培。所以，思政课教师不能单一地培养学生的思想道德素质，更要注重学生的全面素质。《国务院办公厅关于全面加强和改进学校美育工作的意见》指出，美育对提高学生审美与人文素养、促进学生全面发展发挥着重要作用。美育能促进青少年的思想道德素养，陶冶道德情操，有助于树立正确的人生观、价值观和世界观。

与普通高中教育有同等重要地位的中等职业教育，承担着培养德智体美劳全面发展的高素质劳动者和技术技能人才的任务。美德融合、育美于德，把美育纳入德育课堂中，让学生得到最大的发展，是中职学校思政课教师无法忽略的选择。把思政课与美育有机地结合起来，这是中职学校思政课教师面临的新挑战。对于如何提升中职学校思政课德育和美育的契合度问题，我从以下三方面提出相应举措：

一、融美于技

作为一名教师，专业的教学技能是根本。提升思政课德育和美育的契合度离不

---

① 北京市第十三届"京美杯"征文三等奖。

开一支理论基础扎实、业务技能精湛、育人水平高超的教师队伍。

首先教师要有扎实的思想政治理论功底，这是进行思政课教学的基础条件，也是实现德育和美育契合的必然要求。只有用专业理论做基础，才能深入浅出，把枯燥的理论内容讲活讲透，让学生听懂。只有具备过硬的专业教学技能，才能熟悉教材，更好地挖掘思政课教材的美育内容。教材强调需要提升人格魅力，展现职业风采，做一个讲文明、有礼仪的人。我们在讲授这部分内容时，就可以把形象美、德行美与求职成功结合起来，既能培养学生的职业道德素质，又能对学生进行美育教育，做到一举两得、事半功倍。

其次，需要拓宽知识储备，创新教师教育教学模式，首要是找出自己在当前教学中存在的问题。考虑中职学生信息接受和学习的实际能力，以培养全面发展的综合素质人才为目标，对当前的课堂教学进行调整。在教学方法的改革过程中，教师要不断拓宽知识储备。中职学生对实践性较强的专业课更感兴趣，教师可以从多个专业角度出发，把思政课的德育和美育结合起来。

二、以美育人

在思政课堂上，教师首要展现的是自己的教学美，直接给学生提供发现美、感受美、欣赏美和创造美的机会，对学生进行审美教育。

思政课要表现教学美，首先要求教师有正确的审美观点，有基本的辨别美丑的能力。思政课教师要掌握一定的美学理论基础，不断提升审美素养，在教材中发现美，在教学中融入美，激发学生的审美情趣，让学生体会美感，潜移默化地影响学生，实现德育与美育契合的目标，使学生得到全面发展。

教师的审美素养还体现在心灵美和行为美，要融合内在美和外在美润化学生。心灵美主要指教师要有高尚的道德品质，包括坚定的政治理想、道德情操、知识能力、行事风格、人格魅力等。作为一名思政课教师，必须要有正确的政治立场，具有敏锐的政治洞察力。行为美主要包括端庄的教学姿态、严谨的教学语言等。青少年时期是一个特殊的阶段，有很强的可塑性，教师的言行对学生有很大的示范性，对学生产生直接影响。因此，思政课教师要以身作则，展现师德之美，感染学生。

三、以德促美

在思政课中，教师要努力构建和谐、平等、尊重的师生关系，在师生互动中积极培养与学生的情感，遵循德育和美育的育人规律，让学生感受情感交流之美。同时，要充分利用图片、视频、音乐等多媒体信息化手段，采用向学生展示、学生自主收集、课后作业等多种形式，将德育目标渗透给学生，让学生感受哲学美、自然美、社会美等美育内容。

另外，创设道德情境教学也是思政课堂促进德育、美育契合的好办法。在教学过程中，以现实生活为背景，创设一个虚拟情境，用艺术加工形式呈现在学生面前。以培养学生的审美意识，引导道德教育为主要切入点，让学生参与其中，激发学生情感，唤起学生共鸣，引发学生思考，促使其道德观念不断更正，道德水平不断提高。

思政课对加强美育有着特殊的作用，是实现德育和美育融合的重要途径。在思政课堂的教学实践中寻找德育和美育的契合点，是追求全面育人的教育目标，也是一个不断创新的课题。面对目前形势下中职学生的素质状况，作为中职学校的思政课教师，应积极探索适合职业学校特色的教学方法。只有从实际出发，结合学生特点，关注学生的发展，才能培养出真正德才兼备、具有审美情趣的高素质劳动者，培育出德智体美劳全面发展的社会主义建设者和接班人。

【参考文献】

[1] 林丽芳.浅析中学思想政治课中的美育 [J].中学教学参考，2014（4）：60-61.

[2] 熊敏.美育让思想政治课绽放美的韵味 [J].课程研究（教师版），2015（9）：60-61.

[3] 余安安.论高校思政课德育和美育的契合 [J].科教导刊，2011（16）：146-147.

关于提高中职学前教育专业学生
舞蹈专业素养的几点思考 [①]

常 莎

从课题《农村地区幼儿园教师专业素养现状调查研究》所得结论来看，北京市通州区农村幼儿园新入职教师、中专和高中学历的教师、无教师资格证的教师，以及任教于私立幼儿园的教师的专业素养是最低的。作为中职教育者，我们不能只寄希望于用人单位再培训，而应当从教学中寻求突破，持续关注用人单位的需求，不断更新教学理念，更加审慎地选择教学内容，缩短毕业生入职"真空期"。

舞蹈教学方面，应从以下四点提升学生的专业素养。

一、结合课堂教学，丰富舞蹈赏析内容

从笔者所在学校学生的专业教育背景来看，多数学生进校之前没有任何舞蹈学习经历。此时，舞蹈赏析就显得十分关键。它能够帮助学生逐渐建立起舞蹈审美意识，逐步提高舞蹈艺术审美水平，有效激发学生的舞蹈表演意识和专业学习内驱力。赏析的过程也是积累舞蹈教学素材的过程，为幼儿舞蹈教学、幼儿舞蹈创编奠定基础。教师可以充分利用信息化教学资源，紧密联系课堂实训内容，课后自主学习为主，课上讲授赏析方法为辅，突破瓶颈。每学期赏析内容的选择方向，教师要明确

---

① 2018 年 6 月 26 日获北京市第六届"智慧教师"教育教学研究成果三等奖。2018 年 11 月 18 日获 2018 年北京市教育学会学术年会征文三等奖。

限定，但在具体内容的选择上，可以给予学生一定的自主权，允许学生在广泛搜集素材的基础上，兼顾自己的喜好。该模块的考核也应以平时或假期作业的形式为主，教师要做到常态化指导。

学前教育专业学生赏析的舞蹈范围是非常广泛的。第一类，是学生可以在在校三年的时间里，欣赏到不同时期、不同舞种、不同题材的作品。这可以使学生充分感知不同舞蹈艺术文化的特性，在潜移默化中，提高学生的舞蹈审美兴趣。第二类是幼儿舞蹈作品。教师要精心选择一些符合幼儿心理的幼儿舞蹈作品，从作品主题、结构、创编方法、舞蹈语汇的表现等多个层面引导学生仔细剖析作品，不断培养学生的幼儿舞蹈分析能力。第三类是幼儿舞蹈活动课例。通过观看课例视频，让学生了解幼儿园舞蹈教学流程，帮助学生明确学习目标，有的放矢。另外，这也为幼儿舞蹈教学法的学习奠定了基础。

二、加强幼儿舞蹈教学法的理论学习和实践

（一）了解幼儿生理特点，树立科学的幼儿舞蹈训练观

幼儿有其独特的生理特征，在舞蹈训练中有不同于成人的训练重点和禁忌。科学、有效的舞蹈训练能够促进幼儿的生理机能的发育，反之则易使之受伤害。因此，科学性是核心，正确的教学方法是重点。学生在中职阶段不仅要重视幼儿生理与卫生的学习，了解相关的幼儿生理知识，还要认识到错误的舞蹈训练带来的严重后果，树立科学的幼儿舞蹈训练观。考核重点也应该放在是否能够理解、掌握舞蹈训练的正确要领，是否能够区分错误动作并加以改正的上面。

（二）注意与声乐、美术、讲故事、幼儿园活动组织等课程的衔接与融合

以"主题教学"模式为主的幼儿园教育更考验幼师的综合运用能力和创新能力。如何将一个教学主题以更多的活动形式有机地"创设"起来，使幼儿在游戏体验中尽可能全面地完成知识、技能的内化，才是我们应该关注的地方。中职舞蹈教学在内容的选择和整合上要将幼儿舞蹈元素融合在舞蹈基本功、民族民间舞蹈等训练单元中。除此之外，幼儿舞蹈教学法和幼儿舞蹈创编模块的教学内容选择上还可以与

其他专业课融合。例如，在同一学期中根据钢琴课或声乐课学习的幼儿歌曲进行舞蹈组合的编排；以美术课作业或一篇童话故事为素材，引导学生做一节舞蹈课的教学设计……总之，要为学生多创造接近幼儿园教育的学习情景，模拟幼儿园主题教学模式，让学生尽早适应"上岗"。

（三）充分利用课上和课后时间，增加教学实践机会

教师除了引导学生热爱幼师职业以外，更要增加学生教学实践的机会，予以长期、系统地训练。教师可以在课上主要以分组合作的形式布置教学任务，学生互学、互助、互评，培养学生对幼儿舞蹈教学知识技能的运用和实践意识。教师还要对学生的教学技能掌握情况心中有数，根据教学计划和进度定期对每个学生进行考核和个性化的指导，比如，如何准确地示范动作等。教师要明确课后作业的练习目的，及时指导和反馈，必要时可选取有代表性的作业开展师生讨论。

三、重视幼儿舞蹈创编能力的培养

幼儿舞蹈创编能力是幼师的基本素质之一。从实用的角度来说，幼儿园的很多活动都需要幼师根据教学任务编排幼儿舞蹈。因此，学生应重视在中职期间幼儿舞蹈创编技法的学习。中职教师要不断创新教学方法，鼓励、引导学生多练习、多实践，结合教材或其他专业课（一首儿歌、一个故事、一幅画、一次游戏等）进行创编，逐渐掌握舞蹈创编的基本方法和创作规律，为学生最终指导幼儿舞蹈奠定基础。

四、舞蹈表演能力的培养有所侧重

舞蹈表演能力是中职学前教育专业学生必备的专业素养之一，是一个循序渐进、长期积累的过程。教师应深入剖析教材，审慎选择教学内容，在培养学生舞蹈表演能力的环节上有所侧重，科学有效地推进教学。

笔者认为，教学内容选择要"重基础""重广度"，课程内容以舞蹈基础训练为主，并具有较高的实用性。重视基础训练，且风格要有代表性，避免重复，使学生尽可能多地接受不同舞种、不同风格、不同情绪表达的舞蹈表演训练。另外，要承

认教学对象知识接受能力和学习兴趣的差异性，在教学的实施过程和评价环节中"重分层"。比如，一些对肢体软开度要求较高的动作可以采取额外加分的方式进行考核，即能够达到要求的学生予以加分，而能够理解动作要领但无法达到标准的学生不予减分。在调动学生积极性，引导学生最大限度发挥自己的优势和潜力的同时，避免削弱其他学生的自信心。

以上是笔者对提高中职学前教育专业学生舞蹈专业素养的一些思考，希望以此为中职学前教育专业的舞蹈教学贡献一分力量。

【参考文献】

[1] 姚双主编 . 舞蹈 [M]. 北京：中国劳动社会保障出版社，2014（3）.

[2] 王东红，王洁主编 . 幼儿卫生保健 [M]. 北京：高等教育出版社，2012（5）.

[3] 刘新学，唐雪梅主编 . 学前心理学 [M]. 北京：北京师范大学出版社，2013（9）.

以体能类作业为例浅谈高中体育课后作业布置实效性 ①

贺国炜

一、高中生体育课体能类作业的背景

（一）体能的重要性

体育课是高中必修课，对于高中生而言，体能的重要性主要体现在三方面：首先，新课标里一直强调全面提高学生的"核心素养"，为学生终身体育和保持健康奠定坚实基础，而体能是促进学生核心素养提高的根基，必须扎牢、扎稳。其次，现如今高中学生都面临繁重的学习任务，健康的身体是支撑他们高效率学习和生活的保障。第三，高中学生体育课程里包含了很多技术动作、战术以及技能的学习。不仅可以提升学生的体育技能，还可以为学生打下坚实的体能基础。所以，高中生具备良好的体能很重要。

（二）现阶段高中学生体能现状

近年来，"宅"文化盛行，过去教育体制下对过分重视智育，校园体育长期得不到关注。从近年来高中生体质健康测试结果来看，青少年肥胖率居高不下、心肺功能下降、运动能力趋低等问题依然严峻。近两年，虽然从国家层面开始重视体育课程在基础教育中的地位，但要改变人们心中"体育课靠边站"的固有印象，还需要

---

① 该文章获北京市 2020—2021 学年度基础教育科学研究优秀论文三等奖；2020 年通州区中小学体育学科教学研究会年会征文一等奖。

很长时间。

（三）高中体育课体能类教学现状

2017年高中新课标在基础模块里加入了体能，并且在课后布置适当的体育作业，培养学生的锻炼习惯。体能模块一般都安排在学期初，阶段性的体育课体能训练确实对学生体能的提高有积极作用。每节课8到10分钟的"课课练"部分是提高学生体能的主阵地，但是现阶段内容和方法依然比较传统，学生的练习兴趣不高，有些甚至还产生了抵触心理，课堂密度并不能满足学生体能提高的需求。在布置课后作业方面，因为体育学科的特殊性，作业一般是身体练习，但存在较大问题：大多数学校体育类的作业布置很少，形式单一，不跟踪完成质量情况，且检测手段不一定有效。

综上所述，对高中生而言，体能对提高学生的"核心素养"、培养其终身体育锻炼的习惯有着非常重要的作用。从近年体质健康测试的结果可以看出，学生体能现状并不容乐观，现阶段学习安排和训练内容并不能提高学生的身体素质，笔者认为学生应充分利用课后时间提升体能素质。我将以体能类作业的布置为例，尝试探究其有效性。

二、概念界定

（一）体能类作业

不同的专家学者有不同的体能概念界定方法，我比较倾向于刘庆山博士提出的体能概念：体能即身体能力，是指人体形态结构和各器官的机能积极适应运动训练、比赛及日常生活需要的能力。体能包括三大部分：身体形态、身体机能和运动素质。运动素质就是人们常说的力量、耐力、速度、柔韧和灵敏等。作业是课堂教学活动的延伸，是教学的有机组成部分，完成体能类作业的过程是学生自主探究、自主提高身体能力的过程。

（二）高中体能类作业

借鉴和吸收已有的研究成果，笔者认为高中体能类作业是针对学生在课堂教学以及体质健康测试中表现出来的身体能力短板，有目的地安排体能训练内容。按照锻炼要求，能动地开展体能类作业的设计、布置、监督、完成和验收等一系列活动的过程。

三、高中生体育课体能类作业设计三大原则

（一）作业的设计要有针对性

首先，体能类作业的内容要有针对性。课后作业是课堂教学的延伸，教师要有针对性。也可以从体质健康测试的角度出发，针对学生不同的短板开出不同的运动处方，帮助学生制定短期、中期的训练计划，培养学生"终身体育"锻炼的习惯。

（二）作业的设计具有可行性

首先，体育课体能类作业的布置不能是纸上谈兵，要结合实际情况，布置可行的体育作业。既要考虑共性，更要考虑差异性，让所有学生都能找到自己可以提升的版块，解决问题，获得成就感。其次，课后作业主要以身体练习为主，所以也要考虑学生完成作业的时间、地点。

（三）作业的设计要有时效性

无论在课堂还是课外，给学生设计作业时，要向学生交代清楚作业的内容、要求、完成时间和方式。在时间安排上，既要引导学生利用课外活动、晚饭前或晨起时等最佳时间完成，又要交代清楚学生完成不同内容的时间限制，控制好练习负荷。在完成方式上，以小组还是以个体的形式来进行，教师也要交代清楚。

四、高中生体育课体能类作业的布置

高中每周安排两节体育课，我们可以采用"3+2"的模式，"3"是指在没体育课的三天时间里根据学生需要，合理安排"体能类"项目练习；"2"是指当天上课结束后，针对课上学习的运动技能所需的专项体能，进行强化和补充。

布置作业围绕授课内容和体质健康测试的内容来进行。现在中职学生肥胖率居高不下，一周两节体育课的练习强度和密度，无法满足学生锻炼身体的需求。为了

更好地提升高中生的身体素质，每周都需要进行有针对性的体能练习。体能训练应该更多借鉴当下新颖的身体功能训练内容。教师可以根据上肢练习、下肢练习和核心训练，将训练内容分类总结成表，以供学生们选择适合自身情况的练习方法。为了提高布置体育作业的实效性，在布置作业时一定要严格要求练习次数和时间，把握好练习负荷，进行有效锻炼。考虑到学生在家里做体能练习时缺少器材的困难，便也安排了无器械的训练内容。具体的体能类项目可以在下表选择。

体能类训练分类

类别	上肢练习	下肢练习	核心力量	灵敏素质	心肺耐力	柔韧素质
训练内容	1. 多种俯卧撑 2. 推小车 3. 引体向上 4. 俯撑横移 5 弹力绳弯举 6. 弹力绳交替弯举 7. 弹力绳过顶臂屈伸 8. 弹力带弓步半程弯举	1. 靠墙静蹲 2. 胯下击掌 3. 直腿提踵 4. 交替箭步蹲 5. 跳绳 6. 单脚站立 7. 深蹲 8. 闭眼单脚站立 9. 后踢腿 10. 交叉开合跳 11. 团身抱膝跳	1. 多级俯桥 2. 多级侧桥 3. 臀桥 4. 俄罗斯转体 5. 卷腹 6. 波比跳 7. 触腿两头起 8. 支撑收腹跳 9. 死虫式 10. 四点支撑 11. 俯身登山 12. 单腿两头起	1. 听口令跑 1.S 形跑 2. 影子训练 3. 反应灵敏盒子训练 4. 空投网球训练 5. 绳梯训练 6. 反应赛跑训练 7. 十字象限跳 8. 六边形跳 9. 移动躲闪	1. 自然地形跑 2. 定时跑 3. 定向跑 4. 折返跑 5. 定距离跑 6. 中速跑 7. 跳绳（90s） 8.HIIT 9.Tabata 10. 障碍跑	1. 最伟大拉伸 2. 立位体前屈 3. 正踢腿 4. 侧踢腿 5. 蛙式拉伸 6. 臀部动态拉伸 7. 坐姿大腿内侧拉伸 8. 肩膀后侧拉伸 9. 支撑小腿后侧拉伸 10. 俯身左右腿后侧拉伸

五、体能类作业的监督和反馈

体能类作业本身具有特殊性，不像其他学科的作业可以反映在书本上，它不易监督和检查。这类作业主要是进行身体练习，所以学生完成动作的质量就非常重要，非常有必要对其进行监督和检查。

首先，体能作业的布置通常以清单的形式出现，内容包括：学生班级、姓名，作业的主要内容、练习组数及每组练习次数、间歇时间，以及完成状况和自我评价、家长评价和教师评价，再附上家长反馈意见及家长的签字，教师也可以利用小程序监督完成情况。还可以建立体育作业班级群，同学们可以将做练习的视频发到群里。如果是耐力型练习，可以利用跑步类 App 记录情况，将最后的截图发到群里。其次，教师要按时将上交任务清单上的反馈内容和家长建议分析和总结，在原来的基础上进行调整，形成一个闭环，再反馈给学生，提高学生完成体能类作业的效率和质量。最后教师可以将学生的优秀作业视频进行展示，也可以阶段性对体能提高比较明显的学生进行表扬和鼓励，增强其他学生学习动机。通过监督和反馈，提高作业质量，学生开始关注自己的测试成绩以及个体之间的差异性，也可以有针对性地补差补缺。

体育课后作业清单

体育课后作业清单（第_____周）
日期：　　　班级：　　　姓名：　　　训练类别：
训练内容及负荷：
训练要求：
完成情况及自我评价： 　　　　　　　　　　　　　　　　学生签字：
家长评价及建议： 　　　　　　　　　　　　　　　　家长签字：
教师评价及建议： 　　　　　　　　　　　　　　　　教师签字：

六、关于体育课体能类作业布置的几点建议

（一）布置体能类作业要从学生实际情况出发，不可一刀切。结合国家体质健康测试标准，帮助学生"定好位""把好关"。

（二）教师要加强对学生的指导，让学生掌握科学的练习方法。发展力量、速度、耐力、灵敏等体能，引导学生自己开出处方，掌握自己调整运动负荷的能力。

（三）在布置体能类作业时，一定要强调学生在完成作业时的意志品质的重要性。在碰到困难、达到"极点"时，唯有有效的坚持才能培养学生坚韧、不轻易放弃的意志品质。

（四）教师要绷紧"安全第一"这根弦。将练习的地点、内容以及注意事项提前强调到位，避免伤害事故发生。

【参考文献】

[1]　张培欣.有效的课后作业巩固有效的课堂教学等 [J].体育教学,2009（12）.

[2]　袁振国.教育部"减轻中小学生课业负担"征求意见座谈会 [EB/OL].教育部网站,2009（3）.

[3]　潘洪建,马华.保护学校教育的第三种功能 [J].萍乡高等专科学校学报,2009（6）.

纵横十年　共同成长

高爱花[1]

纵横汉字输入法是一种具有趣味性、科学性、应用性的汉字输入法。它的入门门槛低，学习群体没有学历、年龄等限制，遍及各行各业、涉及老、中、青、少等各个年龄段。学生在短时间内就能掌握输入法基本操作。随着近几年来纵横汉字输入法的不断推广，其应用范围也不断扩大，被越来越多的人所接受。

我从2007年开始就接触了纵横汉字输入法，并在单位担任纵横汉字输入法的培训教学工作。在连续十年的纵横汉字输入法教学工作中，我多次参加区级、市级和全国的比赛，并一直积极参与纵横汉字输入法各项研讨活动。在此期间，我学习到了各位纵横汉字输入法前辈的许多宝贵经验，比赛中，我和我的团队也取得了不错的成绩。我辅导的学生多次获得区级、市级和全国比赛的奖项，我个人也多次获得了"指导教师"奖和青年组的个人奖项。多年的教学、训练和比赛实践，让我对纵横汉字输入法有了更加深入的了解。

一、发掘纵横汉字输入法的趣味性，激发学生的积极性

兴趣是乐学的根本，是探究未知世界的动力和源泉，有兴趣、有需要，才会主动去探索。爱因斯坦曾经说过，"兴趣是最好的老师""有趣的学就是玩，有益的玩就是学"。因此，有效发掘学生对纵横汉字输入法的兴趣尤为重要。为提高学生学习

---

[1] 获得2017年北京汉字输入技能大奖赛暨学术研讨会一等奖。

纵横汉字输入法的积极性，我在教学中采用了以下三种方法：

（一）我和学生进行比赛。首先选取一篇通俗的文章，让几个学生用自己的汉字输入法录入，与此同时，我用纵横汉字输入法录入同一篇文章。结果表明，纵横汉字输入法所用的时间大大少于其他输入法的时间，学生们对纵横汉字输入法的快速录入产生了兴趣。我特意设置一些生僻的字，学生无法用拼音输入。在学生苦于无法录入的时候，我熟练地用纵横汉字输入法将这些字快速打出来。学生提问时，我就回答纵横码，并熟练地敲出"284417"。这样，我从一开始就让学生对这门学问产生兴趣，提高其学习主动性。

（二）播放从网络下载下来的两段纵横汉字输入法"摩打手"视频，具体的内容是：两个潮州的小女孩，一个7岁，一个12岁，通过学习纵横汉字输入法，在正常情况下，她们每分钟可以录入200多个汉字，远远胜过其他使用普通汉字输入法的人。学生看得目瞪口呆，不由得摩拳擦掌，跃跃欲试，这样学生便从心理上认可了纵横汉字输入法的优势。

（三）向学生展示我校以往参加比赛的照片和录像。他们看到自己的校友参加比赛了，心生羡慕，也增加了学习信心，这充分激发了学生对纵横汉字输入法的学习兴趣。

二、遵循学习规律，渐进法教学，摒除"纵横汉字输入法难学"的意识。

在教学方法上，遵循客观规律，按照"循序渐进，先易后难"的原则，即先详细讲述纵横汉字输入法基本的概念与规律，再逐步增加课程的深度。随着课程难度的加大，我们可以安排更多的时间，让学生不断巩固知识。

我们学校纵横汉字输入法培训班的学生来自各个班级，学习基础参差不齐，大部分人都很茫然。我从基础入手，引导大家牢记纵横汉字输入法口诀：

一横二竖三点捺 叉四插五方块六

七角八八九是小 撇与左钩都是零

大家很快把这几句朗朗上口的口诀背得滚瓜烂熟。之后，有几个学生开始主动问我口诀里每一个字的意义。我在接下来的课程内容中一一展开分析，学生们茅塞顿开，学得津津有味。当树立了"纵横汉字输入法是一套容易学、方便用的汉字编码"的意识之后，根据指法训练、笔形练习、字词组练习、文章训练等步骤，循序渐进，由简渐繁，学生逐步适应、提高，取得了良好的学习效果。在由浅入深地学习、不断发现问题并解决问题的过程中，还培养了学生的学习能力和分析问题的能力。

三、多种训练方法并用，增强学习的信心

训练方法是多种多样的，关键在于教师怎样让枯燥的汉字录入变得生动起来，让学生充满自信地去学习。我在教学中以"学生为主体，教师为主导"为原则，在引导上下功夫，施教主动，贵在引导，妙在开窍。我和学生同时训练，既是师生，又是队友，更容易展开教学。现将我用到的方法简述如下：

（一）反复打同一篇文章。在同一篇文章的测试过程中，要求学生后一次的测试速度不能低于前一次的测试速度，如果速度下降，要有一定的惩罚措施，如做俯卧撑、倒走、唱歌等。既可调节课堂气氛，也可让学生休息。

（二）对比法。知己知彼，百战不殆。利用纵横汉字输入法的测试软件进行测试，全面总结每次成绩，让所有人都能看到个人成绩和他人成绩，相互促进，进一步提高成绩。

（三）帮助学生克服训练中的"高原"现象。训练中我们发现，当学生录入速度达到 80 字 / 分钟、100 字 / 分钟、120 字 / 分钟等几个成绩段时，往往容易表现出急躁情绪，直接影响训练质量，这时候我采用的方法是：分析达到训练目标过程的层次性，指出各阶段的心理和技能障碍，帮助他们从指法、对文章的处理、训练方式上找差距、找不足，安排他们观察其他学生练习，让他们在观察、分析、对比中挖掘潜力，树立他们战胜困难的勇气和信心。

（四）以赛促学。在平时的教学过程中，我还引入激励机制，不定期进行一些竞赛，以赛促学，既减少枯燥的输入练习，又检测学生的学习成果。我注意合理使用表扬的言辞，时时鼓励学生。凡是达到录入要求的学生，便给予奖励，使他们体验

到学习的成就感，更加坚定了学好纵横汉字输入法的信心。

四、巧用情商因素，使教学事半功倍。

我在教学中用情感做引线，充分调动学生的情商因素，使学生态度积极、心情愉悦、思维活跃，从而促进自己的高效率教学。准备全国赛时，我和学生利用暑假时间留校集训，炎热的天气中，学生们练习打字很辛苦，我每天都会在宿舍为学生们煮一锅绿豆汤，端到教室里给学生们解暑。教导学生的同时，照顾了学生的生活，与他们融为一个团体。在纵横汉字输入法教学中，我始终以情感人，以心育人，用热情、诚恳的胸怀，唤起学生学习的兴趣、激情，赢得学生的信任。

从教纵横汉字输入法的十年里，我得到了很大成长，我也越来越体验到了纵横汉字输入法的魅力。在今后的道路上，我将一如既往地用心研究和传授纵横汉字输入法，不断学习、不断创新，让纵横汉字输入法深入我的教学工作中去！

【参考文献】

[1]　柯汉林.《教育学》[M]. 北京：人民教育出版社，2009（10）.

[2]　柳海平.《教育原理》[M]. 北京：中国人民大学出版社，2008（5）.

[3]　卢敏. 计算机教学初探 [J]. 教育学文摘 .2014（6）.

企业评价促进学生发展的方法研究 [①]

赵海宏

一、课题研究的背景

（一）问题的提出

目前，随着新课程改革的不断推进和深入，素质教育、创新教育等教育改革的观念逐步深入人心，传统评价方法已经不能够满足全面评价学生素质与能力的需要。为此，《基础教育课程改革纲要（试行）》提出要"建立促进学生全面发展的评价体系。评价不仅要关注学生的学业成绩，而且要发现和发展学生多方面的潜能，了解学生发展中的需求，帮助学生认识自我，建立自信，发挥评价的教育功能，促进学生在原有水平上的发展"。

纵观中等职业学校学生的评价方法，主要存在以下问题：评价主体单一，主要以教师为主；评价指标单一，主要以书本知识为核心，忽略对实际能力、学习态度的综合考查；以终结性评价为主，注重对结果的评价，忽略了对过程的评价；强调统一标准，忽视个体差异，忽视学生的主动性等。职业学校的办学成功与否就在于是否能够为企业输送有用的人才，而人才是否有用则在于能否得到企业的认可。企业评价对教育教学与学生发展发挥着导向性作用，是重要的衡量标准。目前学校对学生的培养方向与企业的需求严重脱节，迫切需要将企业对于人才的评价标准引入

---

① 获得北京市 2020—2021 学年度基础教育科学研究优秀论文三等奖。

到学生评价中，将评价标准与学校教育教学有机结合，培养出企业能用的人才。

（二）课题研究的对象、目的与意义

1. 研究对象

本课题研究针对中等职业学校学生，为了让研究更具普遍性，更易于推广应用，选取计算机专业学生作为研究对象。

2. 研究目的

通过对企业评价促进学生发展的方法研究，明确企业对于中职学生评价的标准，找到企业评价与中职教学之间的契合点，真正将企业评价融入学校的教学过程中去，培养出满足企业用人需求的合格人才。从企业用人的角度评价学生，实现评价主体的多元化，促进学生的全面发展。

3. 研究意义

课程改革过程中对于学生的发展性评价的研究是其中的一个重要环节。开展企业评价的课题研究的目的，就是要找到完整而又富有成效的评价方法，为职业学校积极开展同类评价提供示范性、指导性的实践案例，也为学校进一步提高品牌，积极有效地实践新课程、推进素质教育贡献力量。

二、课题研究的内容

中等职业学校计算机专业学生企业评价现状的调查研究；企业评价促进学生发展的方法研究，探讨如何将企业融入进学生评价中来，探寻企业评价促进学生发展的有效方法。

三、课题的研究方法

本课题主要采用以下几种研究方法：

（1）文献研究法

课题组成员阅读与发展性评价相关的文献，收集资料，了解相关理论与发展现状，为本课题提供理论依据，并在此基础上进行研究创新。

（2）调查法

针对顶岗实习学生与计算机专业学生实习就业的企业开展问卷调查，了解中职学生在顶岗实习的过程中普遍存在的问题和企业工作岗位对于中职生应该具备的工作态度与能力、专业知识与技能以及职业素养的要求与标准，收集课题研究的第一手材料，为课题研究的开展提供现实依据。在课题实践的过程中，针对实施的发展性评价方法，再次进行问卷调查，了解实施的效果，为课题研究的改进提供可靠的依据。通过调查、反馈、改进的循环模式确保课题研究的实效性。

（3）行动研究法

首先，将企业兼职教师引入学校的课程教学中，让学生对企业的工作任务有初步认知；其次，将企业人才评价标准与课程教学相结合，调整课堂教学模式，按照标准开展教学；再次，将评价标准与学生的德育教育相结合，将其融入学生的学习生活；最后，开展短期实习与顶岗实习，让学生体会感受企业的工作环境与流程，进一步完善评价标准。

四、课题的研究结果

（一）通过调查研究，明确中等职业学校计算机专业学生企业评价现状

1.调查目的与情况

学生在校学习期间的评价，主要以教师为主体，不够深入了解学生实际工作中的情况，这就造成了学生与工作岗位之间不能够实现无缝的对接，很难满足社会的需要。为此，我们向计算机专业学生就业的单位发放了调查问卷，了解目前中职应届毕业生就业过程中普遍存在的问题，以及用人单位对于应聘人员所应具备的专业知识与职业素养的要求与标准。通过对调查结果客观的剖析，为我们的研究提供确实的理论依据。

2.问卷分析

在本子课题的研究过程中，我们针对中职学生在顶岗实习的过程中普遍存在的问题和企业工作岗位对于中职生应该具备的工作态度与能力、专业知识与技能以及职业素养的要求与标准开展了两轮问卷调查，从调查问卷的反馈结果来看，存在以

下几个问题：①学生没有认识清楚自身的能力水平与职业规划，没有认真工作的意识，缺乏吃苦耐劳的精神，实习期结束之后有很大一部分学生都会离开实习单位，使得企业对于中职学生的招聘持否定态度。②学生在专业知识与能力方面不能满足用人单位的需要，学生学习知识面很广、很杂，但是深度不够、不精，不能完成工作任务，缺少钻研精神。在职业素养方面，缺乏团队合作的精神，通常以自我为中心，不会沟通，没有时间观念，缺乏自主学习的能力，需要不断增强与改进。

（二）通过研究，我们探索出了企业评价促进学生发展的方法

企业评价促进学生发展的方法研究，就是为了探讨如何将企业融入学生评价中，探寻企业评价促进学生发展的有效方法。为此，我们根据调查结果，进行了如下研究实践：

1. 参加企业面试，了解企业的用人需求，为制定企业对人才的评价标准，优化课程设置寻找第一手资料。在学生的面试活动中，从教师的角度来了解不同工作岗位对于学生的知识储备与工作能力的要求，找到企业用人的侧重点，实现与教学侧重点的对接。

2. 聘请企业人员为兼职教师，将企业评价引入课堂。请企业当中经验丰富的工作人员到学校授课，以实际工作的项目作为教学内容给学生进行讲解，从与客户沟通开始，到稿件的构思，作品的制作与修改，直到最终作品的打印，让学生全面完整地认识工作流程。在课堂上构建实际工作环境，将实际工作项目交给学生完成，自主构思创作，并进行作品的展示与介绍，谈自己的设计思路与实现方法，让学生切实体会实际工作。最后，企业专家点评，为学生指出优缺点和改进方向，让学生的专业知识与技能得到了快速提升。

3. 承接实际工作项目，将客户评价引入学习中。企业对于员工的评价，最直观就体现在工作效果方面，即客户的满意度。为此，我们将学生的学习任务与客户订单挂钩，成立专门的学习小组，以完成企业订单。学生与客户面对面交流，了解对方的需求，在完成订单的过程中，反复沟通与协商，把满足客户的需求作为首要任务，在工作中让学生学会沟通与合作，快速提升学生的职业素养，促进学生个人素质的全面提高。

4.构建企业对人才的评价标准。开展实习学生的座谈与交流活动，根据企业对学生工作表现的反馈意见，与企业兼职教师进行反复研究与探讨，确立企业对于学生评价的标准并细致地划分为职业素养、专业知识与技能、工作态度与能力三大方面，其中职业素养方面包含对学生在职业道德、安全意识、服务意识及心理素质等方面的要求；专业知识与技能方面则明确了学生在专业学习中所应具备的知识与能力的储备要求；工作态度和能力方面则指出了学生在工作中应具有的基本素质。给出学生评价自己的标准，也指明学生努力的方向。

企业人才评价标准

职业素养	1. 具有良好职业道德，能自觉遵守行业法规、规范和企业规章制度
	2. 具有服务用户的思想意识和良好的服务态度.
	3. 具有较强的法律意识，信息安全、知识产权保护和质量规范意识
	4. 具有一定的美学艺术修养
	5. 具有心理承受能力和社会责任感
	6. 具有作风严谨、团队协作和坚持不懈的良好职业素质
专业知识与技能	1. 具有计算机主流操作系统、网络、常用办公工具软件的基本应用能力
	2. 掌握素描和色彩的基础知识和绘制技能
	3. 熟悉从事计算机平面设计必需的文学和设计规范等知识
	4. 具有使用计算机处理图形、图像等数字媒体信息的能力
	5. 掌握 CAD 软件、3D SMAX 软件、FLASH 和 EDIUS 软件的使用方法
	6. 具有网页设计制作的能力
	7. 掌握图形图像处理的基本操作技能，能使用主流平面设计软件进行图像设计
	8. 具有使用计算机进行视频剪辑和处理的初步能力
工作态度与能力	1. 具有工作认真、细致、积极、主动和吃苦耐劳的精神。
	2. 具有较强的人际交往沟通能力，在工作中具有合作、交流和组织协调能力
	3. 具有获取前沿技术信息、学习新知识的能力
	4. 具有熟练的信息技术应用能力
	5. 具有在工作中独立制订计划、独立实施计划、独立评价结果的能力
	6. 能在工作中寻求发现问题、解决问题的途径，具有创新的思维和能力

5.将企业对学生职业素养要求融入学生思想道德量化考核，促进职业素养养成。

学生素质的培养不仅仅局限于专业知识的学习方面，更多是要学会在社会上团队中如何为人处事，让学生具备良好的心理素质与适应社会和工作的能力，能快速融入新环境。首先，应在思政课程的教学上下功夫，将教学内容与专业发展、学生就业相联系，增强学生的诚信意识，培养其爱岗敬业吃苦耐劳的精神，培养学生良好的心理素质；针对学生就业面试，开展专题的培训指导，全面提升学生的职业素养。其次，将对学生职业素养的培养放在学生在校学习、生活、活动上，对学生进行德育量化考核，跟进学生在校三年的变化与成长。通过正确引导，强化学生的时间观念、安全与服务意识，让学生学会在集体中如何与他人相处与协同工作，实现学生在校学习与就业的无缝衔接。对学生的思想道德量化考核包含个人量化考核和班级量化考核两部分，学生入校所具有的量化考核基础分数为100分，每学期末得分即为下学期初的基础分，连续记录，三年的最终得分与学生的毕业与升学相挂钩，是衡量学生是否毕业的重要标准。学生德育量化从学习情况、纪律、出勤、仪容仪表、晚自习、午自习、出操、集会、卫生、宿舍、公务请假、班级学校活动和为学校做贡献等多方面进行记录打分，每周进行反馈，从学生在校的学习、生活、集体活动等多方面记录学生的成长，将个人的表现与班级考核相挂钩，培养学生的集体主义精神、团队意识，从集体到个人共同促进学生的成长。

6.根据企业岗位需求优化课程设置，调整教学模式，满足学生就业需要。根据企业岗位需求并结合人才评价标准对于计算机专业的课程设置进行调整，首先强化有关色彩、素描、图形创意、版式设计类课程的教学，增强学生的美学艺术修养，让学生学会色彩搭配，提升学生对作品的创意、设计能力；其次调整课程教学模式，各任课教师对于教学内容进行重新的调整与设计，以项目及任务教学模式为主，精选与实际工作相关的实例，将知识点融入实例当中，通过完成项目和任务来充分体现知识的运用，让学生能快速从对知识点的认识与了解上升到理解与运用，帮助学生熟悉企业工作氛围，激发学生的学习兴趣，提高学生的学习效果；再次，针对图形图像处理软件开设综合实训类课程，由企业兼职教师带领，将企业的实际工作任务引入课堂，采用项目教学的方式，完成从对客户需求分析开始，进行稿件设计，再到作品的制作、最终的作品提交全流程实践，让学生不仅提高对软件运用的熟练程度，还可以全面认识工作流程，为就业做准备；最后设置高三毕业学生的综合考核，要求学生结合三年所学课程进行综合性作品的制作并逐一进行展示，讲解作品的主题与设计思路、制作的方法，通过考核不仅可以达到对学过的专业知识进行复习、从而进一步巩固与提高的目的，还可以通过展示讲解环节提高学生的语言表达能力，培养学生在工作中独立制订计划、独立实施计划、独立评价结果的能力和遇到问题寻求解决方法、分析问题解决问题的能力。

7.学生参加顶岗实习与短期实习，完善企业评价标准。针对不同阶段的学生安排顶岗实习与短期实习，让学生真正走进企业，了解企业的岗位需求与用人标准，感受企业的工作氛围。通过实习为即将毕业的学生指明就业方向，让下阶段继续在校学习的学生明确自己努力的目标，让企业评价真正落到实处。通过企业对学生的反馈，使我们及时调整教育教学的方向，培养出的学生能够与社会接轨，他们在工作后能够很快适应工作岗位，获得企业的认可。

五、课题研究的改进与完善

企业评价中，制定了企业人才评价标准，将企业兼职教师引进来，参与就业与顶岗实习，将学生送出去，优化课程设置，通过德育量化，来培养学生的职业素养，由此实现学生在校学习与就业无缝衔接的目的。对于企业人才评价标准，要跟随企业的发展变化与对人才的需求不断更新，与时俱进，要定期与企业兼职教师进行沟通，进企业调研，掌握第一手资料。在优化课程设置的同时，要进一步深入企业，了解企业对于专业知识的需求，共同开发课程，让学生在校就能学到更有用的知识，为就业做准备。将企业实际的工作环境搬到课堂，让学生熟悉工作环境，用企业的标准来评价和要求学生，促进学生专业知识与技能、职业素养的全面提升。

六、研究结论

通过对企业评价学生方法的课题研究，初步达到了预期的目标，让企业兼职教师走进课堂，将企业评价融入学生评价，促进学生的全面发展，实现了学校学习与就业的无缝衔接；制定计算机专业企业人才评价标准，专业课程设置逐步优化。但是，我们在实践过程中也发现了一些欠缺之处，需要后续加强研究，比如，教师的教科研能力还需不断提升，评价标准还需不断细化更新，这样才能与企业人才需求同步，这是一个长期的过程。

【参考文献】

[1] 霍力岩. 多元智力理论及其对我们的启示 [J]. 教育研究, 2000（3）.

[2] 骆阳. 译 档案袋评价在评估中的应用 [J]. 中外教育, 2001（5）.

[3] 蒋建洲. 发展性教育评价制度的理论与实践研究 [M]. 长沙：湖南师范大学出版社, 2000.

[4] 周燕. 基于网络环境学生专业能力发展性评价的研究 [D]. 上海：华东师范大学, 2005.

基于同伴关系，利用同伴调节培养
职高生学习兴趣的可行性分析 ①

夏　敏

随着国家对职业教育投入的加大，职高生也越来越多地受到关注。职高生是一个特殊群体，是中考淘汰下来的所谓"学习差、纪律差"的学生。这些学生走进职业高中学校，走上与普通高中学生不同的学习之路，而这条路更需要学习兴趣作为支撑，才能保证良好的教学效果。职高生在教学中掌握知识和技能，最终成为国家需要的具备一定专业知识和专业技能的技术型人才。培养学生学习兴趣的方法的研究也越来越受到教师的重视，本文从职高生同伴关系的角度出发，分析利用职高生的同伴调节，培养职高生学习兴趣的可行性。

一、职高生的学习兴趣状况分析

大部分进入职业高中的学生对学习不同程度地缺乏兴趣，形成原因大概有三种。第一种情况是，学生认真对待学习，却没有取得相应的成绩。这使得他们心灰意冷，失去学习兴趣；第二种情况是，学生很随意地对待学习，随心所欲；第三种情况是，学生本身对学习就没有兴趣和要求，于是自我放弃。

学习兴趣的缺失，导致职高生在课堂教学过程中普遍出现问题：做与课堂学习无关的事情，不能紧跟课堂学习的环节；课堂上沉默寡言，不愿意主动参与课堂

---

① 北京市第六届"智慧教师"教育教学研究成果二等奖。

活动；课上异常活跃，但言行均与课堂学习和活动无关；与其他学生或者老师的沟通不顺畅，甚至出现抵触的情绪和言行等。在不同专业、不同年级、不同男女比例的班级中，这些问题呈现不同的严重程度，但都一定程度上影响课堂教学的质量和效果。

二、职高生的同伴关系分析

本文所涉及的同伴关系是指在职业高中学校的环境中，这些年龄相当、心智水平相似的学生，在校学习和生活过程中，学生间建立起来的一种学生与学生的人际关系。职高生处于青春期的重要阶段，在学习上或多或少都曾经让家长、老师失望过，甚至受到以前同学异样的目光和言语伤害。所以当其处于和自己有着相似经历的学生群体中，他们渴望新同伴关注、理解和认同的心理就更为迫切和强烈。同伴关系建立和发展的过程中，为了跟其他同伴建立更好的关系，学生容易去盲目地效仿其他人说话或者做事。如，在课堂教学的过程中，一个学生发表不合适的言论，引起课堂秩序的混乱，其他学生就容易随波逐流，扰乱课堂秩序。

职高生同伴关系的发展阶段可以分为自发的同伴关系、调整的同伴关系和竞争的同伴关系。同伴关系中一般会出现两种角色地位，一种是"领导"地位，扮演支配和协调同伴的角色；另一种是"员工"地位，扮演配合和支持同伴的角色。这两种角色地位具有可变性，在同伴关系发展的过程中，可能角色地位互换，也可能保持不变。

三、同伴调节在培养职高生的学习兴趣过程中的作用分析

同伴调节是学生与学生之间进行的活动，可以发生在课堂教学中，也可以发生在生活中。生活中的同伴调节，比如同学交流与娱乐活动等。课堂教学中的同伴调节，比如，共同支持、讨论、参与、示范、反馈、支持等。

生活中的同伴调节促使学生排解学习和生活中的各种压力，获得他人的理解和支持，学生更容易接受同伴调节的方式去培养学习兴趣。在培养职高生学习兴趣的过程中，同伴调节可以增加积极的学习兴趣现象的发生，促进学生课堂学习兴趣的

增加；可以减少消极的学习兴趣现象的发生，降低学生课堂学习兴趣的流失。学生不仅能够体验到学习乐趣，培养学习兴趣，又能够享受帮助、支持、欣赏他人的快乐，同时学会交流和沟通。

四、基于同伴关系，利用同伴调节培养职高生学习兴趣的过程分析

基于同伴关系，在利用同伴调节培养职高生学习兴趣的过程中，教师应该做足功课，充分认识和深刻了解职高生个性、学习能力的差异，时刻关注职高生同伴关系发展过程中的各种变化，引导学生欣赏、尊重同伴，鼓励学生以积极的心态接受并参与同伴调节，给学生创造参与的机会。

（一）通过职高生自发的同伴关系感染同伴，利用同伴调节诱发学生的学习兴趣。

职高生从初中进入职业学校后，面对新学习环境和新同伴，迅速根据自己的第一印象，建立起自发的同伴关系。这种同伴关系具有不稳定因素，存在不明显的"领导"地位和"员工"地位的角色分化。

在自发的同伴关系中，处于临时"领导"地位的学生期望能够巩固"领导"地位，或者在同伴关系发展过程中改变自己的角色地位；处于临时"员工"地位的学生期望获得同伴认同，或者在同伴关系发展过程中改变自己的角色地位。不管是哪种情况，学生都期望通过同伴调节获得关注和理解，树立良好形象，达到自己在同伴关系中的期望。

职高生表面上对学习没有兴趣，但也能观察到他们在新学习环境中，也有在课堂学习上获得同伴认同和赞赏的想法。那么，应该抓住这种心理变化，在现有的、自发的同伴关系中，利用学生擅长的知识，在课堂教学中设计同伴调节环节，使其获得同伴信任和支持，促进其在同伴关系中处于所期望的角色地位；使其取得某项学习上的成功，增强自信心，带动处于"领导"地位和"员工"地位的同伴共同学习，共同关注课堂内容，引起学习兴趣。

（二）通过职高生调整的同伴关系引导同伴，利用同伴调节保持学生的学习兴趣。

职高生进入学校一段时间后，同伴间有了更深的了解，同伴关系得到调整。大概分为三种情况。第一种是由于各种因素，比如，兴趣、爱好不同，行为习惯不同，

在现有的同伴关系中得不到心理上的满足或行为方式上的认同，不满意自己的角色地位等，原有同伴关系瓦解，但随着对其他同伴的了解，逐渐建立起新的同伴关系；第二种是在现有同伴关系中，同伴间有相同或相似的世界观和价值观，获得心理上的满足或行为方式上的认同，认可其所扮演的"领导"或者"员工"地位角色，同伴关系更加坚固，形成具有一定特色的同伴关系；第三种是在同伴关系发展过程中，学生对自己和同伴的能力有更深刻的认识，找到更适合的角色地位，由"领导"地位转变为"员工"地位，或者由"员工"地位转变为"领导"地位，更加稳固了同伴关系。

在对同伴关系中处于"领导"和"员工"地位的学生充分认识之后，具有学习优势（或"领导"地位）的同伴可以去引导和帮助处于学习劣势（或"员工"地位）的同伴。当被帮助者在学习中取得进步时，帮助者会感受到成就感，增加学习自信心，被帮助者会感受到学习的快乐，削弱以往学习中的挫败感；"领导"地位的学生锻炼了调节同伴中所需要的沟通能力，"员工"地位的学生锻炼了团队协作的能力。展示机会、同伴信任、自信心获得，这些都能有效地保持学生的学习兴趣。

（三）通过职高生竞争的同伴关系挑战同伴，利用同伴调节提高学生的学习兴趣。

形成调整的同伴关系后，课堂教学中会发生一些抑制教学效果的现象，比如，处于"领导"地位的同伴会产生自满的心态，发生不配合其他同伴的情况，影响教学效果；处于"员工"地位的学生想要获得更多关注却没有机会，或受到其他同伴压制，容易产生自卑心理，消极配合，影响教学效果；不同同伴关系中的学生之间会发生不配合或不给予合理评价的现象，影响教学效果。随着同伴关系的发展，教师需要打破不同同伴关系间的隔阂，打破同伴关系中固化的角色地位，形成竞争的同伴关系，设计具有竞争性的同伴调节。

在同伴调节的过程中，让具有相同类型角色的学生在所设计的学习任务中担当不同的角色。比如，让原来处于"领导"地位的学生在任务中去扮演"员工"角色，支持其他原来处于"领导"地位的学生；让原来处于"员工"地位的学生在任务中扮演"领导"角色，支配其他原来处于"领导"地位或者"员工"地位的学生，形成挑战氛围。竞争性的同伴调节，唤醒了学生的竞争意识，使其产生自主学习的意愿，促使学生主动产生学习兴趣，极大地发挥了学生的主体性，有利于学生积极投入学习。

五、结　论

基于同伴关系，由同伴调节完成学习的过程中，学生在心理上更容易理解同伴的讲解语言和思维方式，会更容易和同伴进行交流，更容易获得愉悦感和成就感。在课堂教学过程中，教师如果能够重视并利用同伴调节，那么学生就会主动产生学习兴趣，由传统的"教师与学生"调节培养转变为"学生与学生"调节培养，保证学生在教学过程中处于主体性地位，更有可行性。

【参考文献】

[1] 汪均裕，莫民强，《高中生同伴关系发展特点研究》，《广西教育学院学报》，2004.10–9：51–54.

[2] 仲宁宁，《青少年同伴友谊的发展特点及其作用》，《中小学心理健康教育》，2010.10–7：36–37.

[3] 邹泓，《青少年的同伴关系发展特点功能及其影响因素》，北京师范大学，2002，4–9：106.